JOHN MACARTHUR

DOCE HÉROES
INCONCEBIBLES

Cómo comisionó Dios a personas impensadas en
la Biblia y lo que quiere hacer con usted

GRUPO NELSON
Una división de Thomas Nelson Publishers
Desde 1798

NASHVILLE   DALLAS   MÉXICO DF.   RÍO DE JANEIRO

Editora General: *Graciela Lelli*
Traducción: *Belmonte Traductores*
Adaptación del diseño al español: *Grupo Nivel Uno, Inc.*

ISBN: 978-1-60255-780-2

Impreso en Estados Unidos de América

HB 11.15.2017

DEDICATORIA

A mis nietos:
John Matthew
Ty Weston
Andrew
Calvin Thomas
Oliver LeGrand

Que Dios les encuentre con fe y fidelidad para que pueda añadir sus nombres a la lista de sus héroes extraordinarios.

CONTENIDO

Contenido

INTRODUCCIÓN

L A PALABRA *HÉROE* ESTÁ PERDIENDO SU SIGNIFICADO lentamente debido a que ha sido redefinida ampliamente en la cultura popular. Los héroes artificiales y los imaginarios con frecuencia hacen sombra a los héroes reales. Algunas ideas ilusorias acerca del heroísmo han encontrado hogar en la cultura pop. Por ejemplo, un niño de seis años de edad es un héroe si golpea la pelota fuera del alcance del portero caído en el suelo en un partido de fútbol de modo que su grupo de niños que persiguen el balón gane el partido. Una niña de diez años es una heroína digna de una pegatina para el auto si es nombrada alumna de la semana en su clase, aunque haya sido solamente porque ella fue quien le dio menos problemas a la maestra. Tenemos incluso versiones adultas de esos mismos héroes en los deportes y en el mundo del entretenimiento.

En la actualidad, solamente el estatus de celebridad es suficiente para considerar a una persona heroica. Con frecuencia oirá a las personas referirse a su persona favorita como «mi héroe», indicando que lo único que puede que sea necesario para ser héroe es tener a una persona que crea que lo es. Hay incluso una canción pop que es un megahit en honor al héroe personal de alguien: «Viento bajo mis alas». La canción pregunta: «¿Supiste alguna vez que eres mi héroe?» *¿Por qué?* Porque «te contentabas con dejarme brillar, así eres tú. Siempre caminabas detrás de mí. ¡Por eso yo tenía toda la gloria!» *¿Qué?* ¿Eres mi héroe porque me dabas toda la gloria?

Por mala que sea la implacable versión sentimental y el uso excesivo (y por tanto abaratado) de la palabra *héroe*, nuestras ideas acerca del heroísmo están incluso más empañadas por la ridícula obsesión de nuestra cultura con los superhéroes imaginarios, cuyas hazañas fantásticas lo llenan todo, desde cómics y viñetas hasta televisión y películas. Si los héroes artificiales que inventamos en el nombre de la autoestima o la celebridad bajan demasiado el nivel, los héroes imaginarios que existen solamente en el mundo de la fantasía lo elevan demasiado. Un enfoque trivializa al heroísmo; el otro lo mitifica.

Desde luego, hay héroes *verdaderos* en la vida real y siempre los ha habido, pero ellos no tienen ese honor por marcar puntos en un juego artificial con la intención de aumentar sus propios egos. Tampoco lo obtienen manifestando los poderes de un superhéroe imaginario. Los héroes reales son personas cuyos esfuerzos y sacrificios salvan vidas, alteran destinos, cambian la historia o desvían el curso de ella para mejorarla. Aparecen en papeles vitales de liderazgo: en la guerra, la medicina, la ciencia, la ejecución de la ley, el servicio civil, la educación y otros papeles incontables de cada día. Ellos dan avance al bienestar de otros de alguna manera significativa. Incluso personas que no les conocen y no tienen ninguna relación directa con ellos reconocen sus aportaciones. El mundo cambia y mejora debido a ellos.

Pero aunque son héroes verdaderos, la mayoría de ellos hacen que la vida sea superior solamente en *este* mundo. No más allá. Los héroes más grandes son aquellos que son el medio humano que Dios utiliza para cambiar a las personas para siempre: para el bien de ellos y para gloria de Él. Y estos verdaderos héroes que marcan un impacto eterno son invariablemente las personas más inesperadas y comunes: Dios forma héroes *inconcebibles*. Vea lo que escribió Pablo en 1 Corintios 1.26–27:

> Pues mirad, hermanos, vuestra vocación, que no sois muchos sabios según la carne, ni muchos poderosos, ni muchos nobles; sino que lo necio del mundo escogió Dios, para avergonzar a los sabios; y lo débil del mundo escogió Dios, para avergonzar a lo fuerte.

En otras palabras, Dios obra por medio de personas a quienes el mundo considera débiles, necias y poco calificadas. No confían en sí mismas ni son autosuficientes; en cambio, son esos creyentes inconcebibles que cuando se les dan oportunidades únicas para marcar un impacto eterno dependen totalmente de Él. Como resultado, el poder y la sabiduría divinos son liberados, sobreponiéndose a las pretensiones huecas del heroísmo del mundo.

LAS MARCAS DE UN VERDADERO HÉROE

Las páginas de la Escritura están llenas de historias de grandes héroes: hombres y mujeres a quienes Dios utilizó de maneras únicas y poderosas para llevar a cabo sus propósitos. Sus hazañas varían mucho; sin embargo, el hilo común que recorre todos sus testimonios es la *fe*.

Aunque la palabra héroe no aparece en el Nuevo Testamento, los creyentes con frecuencia se refieren a los santos bíblicos (como los que están enumerados en Hebreos 11) como los «héroes de la fe». Son considerados héroes por dos razones principales: *ellos creyeron en el Señor*, no solo por su salvación sino también por cada aspecto de su vida; y *actuaron según esa fe*, escogiendo honrarle a Él incluso cuando era difícil hacerlo. Cuando sus circunstancias parecían imposibles, dependían de la sabiduría y la fuerza de Dios más que de la suya propia. Y mantuvieron sus ojos fijos en Él, escogiendo confiar en sus promesas en lugar de seguir los placeres pasajeros del pecado. Por tanto, fueron conocidos por su *fe* y por su *fidelidad*; y Dios fue honrado a través de ellos. Desde la perspectiva del mundo, la mayoría de ellos no fueron especialmente nobles, fuertes o sabios; tenían rarezas, errores y defectos. Pero mediante el poder de Dios fueron utilizados de maneras poderosas, para lograr los propósitos de Él y darle gloria.

Tenemos mucho que aprender del legado que nos han dejado los héroes de la fe. Ellos son la «gran nube de testigos» (Hebreos 12.1) que han ido delante de nosotros. Cuando estudiamos sus vidas, sus testimonios nos alientan a responder a las pruebas con una fe firme y a luchar contra la tentación con una fidelidad sin concesiones. Sus circunstancias con frecuencia fueron muy diferentes a las nuestras, y aun así los principios centrados en Dios y las prioridades que gobernaban sus vidas son aplicables a nosotros también.

Es cierto que el Señor obró por medio de muchos de los héroes bíblicos en maneras que fueron únicas y extraordinarias. Nunca experimentaremos nada parecido a caminar cruzando el mar Rojo, derrotar a los madianitas con un ejército de solo trescientos hombres, o salvar al pueblo judío de la aniquilación total. Sin embargo, podemos aprender mucho de aquellos hombres y mujeres llenos de fe y de sus destacables ejemplos de valiente obediencia. Cuando lo hagamos, enseguida descubriremos que ser héroe no requiere ponerse una capa o luchar a puñetazos contra el crimen. No depende del estatus de celebridad, un coeficiente de inteligencia elevado, el talento atlético o la cantidad de dinero. Al contrario, comienza con una confianza firme y consistente en Dios y la disposición a vivir de acuerdo a su Palabra a pesar de cuales sean las consecuencias.

EL HÉROE DETRÁS DE LOS HÉROES

Al comienzo de un libro que destaca a los héroes de la fe, es imperativo hacer hincapié en un punto crítico: el Héroe verdadero de la Escritura, en cada historia de la Biblia, es Dios mismo. Un repaso rápido de varias historias clásicas de la escuela dominical inmediatamente ilustra este punto. Noé no cuidó del arca en medio del diluvio; Abraham no se convirtió a sí mismo en el padre de una gran nación; Josué no hizo que los muros de Jericó cayesen; ni David derrotó a Goliat por sí mismo. En cada uno de estos ejemplos tan conocidos, como en todos los demás casos, el Héroe detrás de los héroes es siempre el Señor.

En la literatura, el *héroe* es el protagonista principal, el personaje primordial y la figura central de la narrativa. Sin duda, eso es cierto en cuanto a Dios a lo largo de las páginas de la Escritura. Él es quien siempre da la victoria. Lo que continuamente se muestra es su poder, su sabiduría y su bondad, incluso cuando utiliza instrumentos humanos para llevar a cabo sus propósitos. Por tanto, toda la gloria le pertenece a Él.

Como aquellos que componen la gran nube de testigos, los héroes humanos de las Escrituras nos señalan a alguien por encima de sí mismos. Él es aquel a quien ellos miraban continuamente con fe y de quien dependían constantemente. Su legado de fidelidad finalmente dirige nuestra atención hacia los cielos, a la Fuente de su sabiduría y fortaleza; es decir, al Señor mismo. Mi oración por usted, a medida que lea este libro, es que fije sus ojos firmemente en Él (véase Hebreos 12.2), reconociendo, junto con todos los héroes de la fe, que aquellos que ponen su confianza en Él no serán nunca avergonzados (Romanos 10.11).

1

ENOC: EL HOMBRE QUE CAMINÓ CON DIOS

Caminó, pues, Enoc con Dios, y desapareció, porque le llevó Dios.

—GÉNESIS 5.24

ALGUNOS HÉROES SE HACEN EN UN MOMENTO; otros son definidos por toda una vida. Ese fue sin duda el caso del líder cristiano del siglo cuarto, Atanasio, cuyo heroísmo fue demostrado a lo largo de muchas décadas por su firme negativa a hacer concesiones cuando las personas que había en todo su mundo se unieron contra él.

Atanasio ministró en Alejandría, Egipto, durante una época de transición épica dentro del Imperio Romano. El emperador Constantino recientemente había puesto fin a la persecución contra los cristianos, cambiando la situación social para ellos drásticamente. La aceptación y el descanso recién encontrados de la iglesia, sin embargo, fueron breves debido a los errores subversivos de un falso maestro llamado Arrio. En juego estaba nada menos que el entendimiento bíblico de la deidad de Cristo y, por tanto, la doctrina de la Trinidad.

La doctrina de la deidad de Cristo siempre había sido una verdad esencial para la iglesia, desde la época de los apóstoles.

Pero el hereje Arrio desafió de forma arrogante esa realidad, afirmando con descaro que el Hijo de Dios fue meramente un ser creado que era inferior y no igual a Dios Padre. Para establecer una comparación moderna, Arrio fue el testigo de Jehová original. Negó la deidad de Cristo y, por tanto, destruyó el evangelio verdadero, cambiándolo por un sustituto condenatorio. Aunque sus puntos de vista fueron denunciados abrumadoramente en el Concilio de Nicea, en el año 325, siguieron siendo populares incluso después de su muerte en el año 336.

En el año 321, Atanasio (que entonces tenía solo veintitrés años de edad) comenzó a escribir contra las falsas enseñanzas de Arrio. Siete años después, en el 328, se convirtió en el pastor de la iglesia en Alejandría, una de las ciudades más influyentes en el Imperio Romano. Apropiadamente conocido como «el santo de la terquedad», Atanasio dedicó su vida y su ministerio de modo incansable a defender la deidad de Cristo y a derrotar la herejía arriana; pero esa postura valiente demostró ser costosa. Los arrianos no solo eran populares, sino que también tenían poderosos aliados políticos, e incluso a Satanás, de su lado. Como resultado, la vida de Atanasio estaba constantemente en peligro. Fue desterrado de Alejandría en cinco ocasiones, pasando un total de diecisiete años en el exilio; todo ello porque se negó firmemente a hacer concesiones. El inquebrantable pastor murió en el año 373, después de haber guardado con toda diligencia la sana doctrina durante más de medio siglo. Y el Señor recompensó su fidelidad, utilizando a Atanasio para mantener su dedo en el dique y retener la inundación de herejía en un momento crítico en la historia de la iglesia.

En los siglos desde entonces, un famoso dicho ha sido atribuido a Atanasio, aunque no puede demostrarse que él mismo lo dijese nunca. La frase en latín es *Athanasius contra mundum*. Significa «Atanasio contra el mundo» y tipifica de modo preciso su postura durante toda la vida contra los errores tan extendidos del arrianismo. Aunque, a veces, parecía como si todo el Imperio Romano hubiera sido barrido por la falsa enseñanza, Atanasio no hizo concesiones. Durante aquellos largos años en el exilio, cuando se sentía casi completamente solo, se negó a ceder. Y eso es lo que le hizo ser héroe.

Enoc es considerado adecuadamente héroe por la misma razón: se mantuvo firme durante un largo período de tiempo. Al igual que Atanasio, se opuso con valentía a los falsos maestros de su época, confrontando con coraje las opiniones públicas de la sociedad en la que vivía (cp. Judas 14–15). Incluso en medio de una civilización corrupta y perversa (tan malvada que el Señor decidió destruirla en el diluvio), Enoc se negó a hacer concesiones. A veces, sin duda se sintió solo, como si todo el mundo entero estuviese contra él; sin embargo, se mantuvo firme en el Señor. El autor de Hebreos resumió el legado de Enoc con estas profundas palabras: «tuvo testimonio de haber agradado a Dios» (Hebreos 11.5). Sorprendentemente, lo hizo no solo durante varias décadas, ¡sino durante trescientos años!

UN HOMBRE QUE JAMÁS MURIÓ

Durante pasadas generaciones de historia humana, de los miles de millones de personas que han vivido en esta tierra solamente dos no murieron nunca. Aunque aquellos notables individuos estuvieron separados por muchos siglos, sus vidas comparten sorprendentes similitudes. Ambos eran profetas de Dios; ambos advirtieron a los malvados del juicio que llegaría; ambos vivieron en una época en la que seguir al Señor era totalmente impopular; y ambos se fueron al cielo sin experimentar la muerte física.

El segundo de esos hombres, el profeta Elías, confrontó con valentía la adoración a los ídolos de su época, llamando y amenazando a Israel para que regresara al Dios verdadero. A veces, también se sintió solo, como si el mundo entero estuviese contra él (1 Reyes 19.10). Sin embargo, permaneció fiel. Aunque vivió en constante peligro (y le habrían matado si hubiera sido capturado), Elías sobrevivió hasta que Dios envió un carro de fuego para transportarle a su hogar eterno. Un día, mientras el experimentado profeta iba caminando con su alumno Eliseo, «he aquí un carro de fuego con caballos de fuego apartó a los dos; y Elías subió al cielo en un torbellino» (2 Reyes 2.11). Mientras el asombrado Eliseo observaba boquiabierto, su estimado compañero fue arrebatado por Dios. En un momento, con una ráfaga de viento sobrenatural y un relámpago de brillantez cegadora, desapareció para no ser visto en la tierra nunca más; hasta que hizo una breve aparición en forma glorificada en la transfiguración de Jesús (cp. Mateo 17.1–9).

Un milenio antes, Dios había arrebatado a otro hombre de la tierra en forma similar. Durante tres siglos, este piadoso predicador caminó con el Señor en una íntima comunión y justa obediencia. Su viaje temporal terminó un día mientras caminaba con Dios. Enoc, sin ver muerte, fue arrebatado repentinamente al cielo.

El relato bíblico concerniente a Enoc se reduce tan solo a un puñado de versículos hallados en Génesis, Hebreos y Judas (junto con menciones a su nombre en 1 Crónicas 1.3 y Lucas 3.37). Aun así, se nos da mucha información sobre él como para incluir su asombrosa historia en un libro de héroes. Al estudiar su vida, encontramos a un individuo cuyo testimonio fue tanto ejemplar como extraordinario. Aunque las experiencias de Enoc fueron notables y únicas, sigue estableciendo un convincente ejemplo para que nosotros lo sigamos: un ejemplo de una fe firme y una obediencia libre de compromisos.

UN HOMBRE CON UNA NATURALEZA COMO LA NUESTRA

El mundo de Enoc era muy distinto al nuestro. La tierra aún no había sido destruida y acomodada en su actual forma por el diluvio. La esperanza de vida se medía en siglos en lugar de décadas. Enoc mismo nació solo 622 años después de la creación, en la séptima generación desde Adán. Su hijo, Matusalén, vivió más que ninguna otra persona (969 años); y su nieto Noé, el conocido constructor del arca, la terminó a la edad de 600 años.

Los largos períodos de vida de este tiempo eran posibles por las condiciones ideales que había en este planeta antes del diluvio. Según Génesis 1.6, una burbuja de agua cubría por completo la atmósfera, protegiendo así la superficie de la tierra de los efectos destructivos de la radiación ultravioleta del sol. También creaba un entorno de tipo efecto invernadero que moderaba el clima y la temperatura, minimizaba los vientos y las tormentas, y creaba las condiciones más favorables para la vida vegetal. Además, en este escenario tropical exuberante la lluvia no era necesaria porque todo el mundo estaba regado por un sistema de aspersores natural: un rocío que subía de la tierra (Génesis 2.5–6).

Sin embargo, a pesar de su belleza y sus recursos naturales, la presencia del pecado en el mundo antes del diluvio había corrompido todo lo que vivía allí. Los efectos de la Caída se dejaron sentir de inmediato después de que Adán y Eva se rebelaron contra Dios. El hijo mayor de Adán, Caín, mató a su hermano menor —Abel— a sangre fría (Génesis 4.8). Y la historia empeora. Uno de los descendientes de Caín, un hombre llamado Lamec, al igual que Enoc, nació en la séptima generación desde Adán. A diferencia de Enoc, no obstante, Lamec alardeaba francamente de ser asesino y polígamo

(Génesis 4.23). Su flagrante anarquía era algo característico de la civilización en que vivía. Tres generaciones después, cuando el Señor vio «que la maldad de los hombres era mucha en la tierra, y que todo designio de los pensamientos del corazón de ellos era de continuo solamente el mal» (Génesis 6.5), decidió inundar al mundo entero.

En términos de topografía, el mundo de Enoc tenía un aspecto muy distinto al de nuestros días. Pero la cultura en que vivía era la misma, caracterizada por una gran corrupción, decadencia moral en todos los sentidos posibles y rebeldía franca contra Dios. El que la gente viviera tanto tiempo era a la vez una maldición y una bendición. Sus largos período de vida les permitía desarrollarse intelectualmente y culturalmente con mucha rapidez, lo cual al comienzo de la civilización humana era un elemento importante para habitar y cultivar las riquezas de la tierra (Génesis 1.28). Sin embargo, al mismo tiempo, esa longevidad también aceleraba la degradación de la sociedad. En nuestros días, sabemos lo difícil que puede ser luchar contra la tentación durante setenta u ochenta años. Pero quienes querían tener una vida piadosa en la era prediluviana tenían que luchar contra el pecado y soportar su impacto durante muchos cientos de años. Eso es lo que hace que ejemplos de hombres justos como Enoc sean tan notorios: él luchó contra la corrupción de su cultura, ¡y caminó con Dios durante tres siglos!

El legado de la fidelidad de Enoc no es solo un ejemplo monumental a seguir para todos los creyentes, sino también una influencia penetrante y duradera sobre su propia familia. Ese impacto es especialmente evidente en la vida de su bisnieto Noé. Aunque Noé nació sesenta y nueve años después de que Enoc se fuese al cielo, el testimonio de Enoc le habría sido transmitido mediante su padre y su abuelo. Según Génesis 6.9: «Noé, varón justo, era perfecto en sus generaciones; con Dios caminó Noé», así como lo había hecho su abuelo Enoc.

Segunda de Pedro 2.5 describe a Noé como un «predicador de justicia», un modelo que él indudablemente aprendió de los relatos que oyó del ministerio de su bisabuelo (cp. Judas 14–15). Como Enoc, Noé confrontó la corrupción de su cultura, y así como a Enoc, Dios salvó milagrosamente a Noé de su malvada sociedad.

La destacada vida de Enoc puede parecer, como la de Elías, algo imposible para nosotros de emular. Pero no es así. Al escribir sobre Elías, el apóstol Santiago les dijo a sus oyentes: «Elías era hombre sujeto a pasiones semejantes a las nuestras» (Santiago 5.17a). Lo mismo podríamos decir de Enoc. Como miembro de la raza humana pecaminosa, Enoc lidió con las mismas tentaciones, temores y debilidades que han plagado a todos los hombres y las mujeres desde la Caída. Aun así, pudo demostrar una justicia persistente, no porque no tuviera pecado sino porque confió en los recursos divinos. Era un pecador que fue salvo por gracia y capacitado por el Espíritu Santo para vivir mediante una fe obediente. Así, el caminar justo de Enoc no debería intimidarnos, sino más bien, como testigo de una vida de fe (Hebreos 12.1), su ejemplo debiera motivarnos a una mayor fidelidad y una resolución más profunda en nuestro caminar con el Señor.

UN HOMBRE QUE CAMINÓ CON DIOS

Volvamos al principio de la historia de Enoc. Se le menciona por primera vez en el registro genealógico de Génesis 5, un capítulo que traza los descendientes justos de Adán desde Set hasta Noé. Como se podría esperar de una genealogía, se nos presenta a Enoc de una forma puramente práctica: «Vivió Jared ciento sesenta y dos años, y engendró a Enoc» (Génesis 5.18). Pero la breve biografía de Enoc solo unos versículos después deja claro que su vida fue de todo menos común. Según Génesis 5.21–24:

Vivió Enoc sesenta y cinco años, y engendró a Matusalén. Y caminó Enoc con Dios, después que engendró a Matusalén, trescientos años, y engendró hijos e hijas. Y fueron todos los días de Enoc trescientos sesenta y cinco años. Caminó, pues, Enoc con Dios, y desapareció, porque le llevó Dios.

En menos de cincuenta palabras todo el relato del Antiguo Testamento de la vida de Enoc queda completo. Aun así, aquí hay mucho más que datos genealógicos.

La genealogía de Génesis 5 es muy importante al menos por dos razones. En primer lugar, indica que Génesis 1—9 es historia real, y aporta una cronología precisa de ese período de tiempo. Es el registro verdadero de la humanidad desde Adán hasta Noé (desde la creación de Dios del mundo del agua hasta su destrucción mediante agua). En segundo lugar, la genealogía hace una crónica de muertes, ya que cada obituario termina con las palabras: «y murió». La maldición está en su pleno esplendor (Génesis 2.17), y para todos los enumerados en el árbol genealógico, el final es siempre el mismo; con una destacada excepción. Enoc es un caso aparte porque «caminó con Dios» y porque «desapareció, porque le llevó Dios». Examinemos los lacónicos, aunque cargados, elementos de su vida.

Dos veces en solo cuatro versículos se nos dice que *Enoc caminó con Dios*. De hecho, esa corta frase es todo lo que Génesis 5 nos dice del carácter de este hombre. Pero es suficiente. Enoc vivió de tal forma que, después de 365 años en este mundo, su vida se podría resumir verazmente con una brevedad repetida y sublime. Casi siete siglos después del huerto del Edén, cuando Adán y Eva habían caminado con Dios en perfección (cp. Génesis 3.8), finalmente hay alguien que tiene comunión con Dios de forma íntima y diaria. Y lo hizo durante más de trescientos años.

Caminar con Dios es otra forma de decir que Enoc *agradó a Dios*. De hecho, la Septuaginta (la traducción griega del Antiguo Testamento hebreo) escribe la frase exactamente así: «Enoc agradó a Dios». El escritor de Hebreos sella este significado cuando describe la vida de Enoc: «tuvo testimonio de haber agradado a Dios» (Hebreos 11.5b). Como Enoc buscó agradar a Dios, a Dios le agradó estar en comunión con él.

¿Qué aspecto práctico podemos aprender en cuanto a caminar con Dios para que podamos seguir el ejemplo de Enoc? Las Escrituras, en donde este tema se reitera y se amplía, revelan que caminar con Dios incluye al menos tres componentes. Comienza con el perdón del pecado, consiste en la fe en el Señor y resulta en frutos de justicia. Entender estos tres aspectos abre la puerta al abundante tesoro espiritual que hay detrás de las sencillas palabras de Génesis 5.

EL PUNTO DE INICIO: PERDÓN DEL PECADO

La Biblia aclara muy bien que para que las personas pecadoras puedan tener comunión con un Dios santo, primero deben reconciliarse con Él a fin de arreglar su alienada condición pecaminosa.

En Amós 3.3, el profeta preguntó retóricamente: «¿Andarán dos juntos, si no estuvieren de acuerdo?» El apóstol Pablo estableció un punto similar en 2 Corintios 6.14: «porque ¿qué compañerismo tiene la justicia con la injusticia? ¿Y qué comunión la luz con las tinieblas?» Para que los pecadores estén en acuerdo y armonía con el Señor contra quien se han rebelado (y, por tanto, para disfrutar de comunión con Él) sus pecados deben ser perdonados así como sus corazones limpiados y hechos nuevos. Puede parecer obvio, pero es importante decir que Enoc era un hombre salvo. Por la gracia divina, todos sus pecados le habían sido perdonados y había pasado de ser enemigo de Dios a amigo.

¿Sobre qué base puede perdonar un Dios santo? ¿De qué forma es esto coherente con su justicia perfecta? Para obtener la respuesta, debemos ir a Hebreos 11 donde se destaca el ejemplo de la fe salvadora de Enoc inmediatamente después de la de Abel. El autor de Hebreos dice esto del segundo hijo de Adán: «Por la fe Abel ofreció a Dios más excelente sacrificio que Caín, por lo cual alcanzó testimonio de que era justo» (Hebreos 11.4a). Como demuestra el ejemplo de Abel, los pecadores deben acudir a Dios como Él requiere. En el caso de Abel, Dios requería un sacrificio animal (Génesis 4.4), el cual ofreció Abel con fe. Tales sacrificios eran necesarios como un vivo recordatorio de que el pecado trae muerte y que la comunión con Dios requiere una expiación (o cobertura) del pecado. Aunque el pecador debía morir, se mataba un animal como sustituto para ocupar su lugar.

El sacrificio de Abel, como ocurría con todos los sacrificios del Antiguo Testamento, señalaba a la cruz, donde Jesucristo murió una vez para siempre a fin de hacer la única expiación plena y satisfactoria por el pecado. Gracias a la muerte de Cristo en su lugar, los pecadores pueden recibir perdón y ser declarados justos por Dios independientemente de cualquier bondad moral que haya en ellos. Con sus pecados redimidos mediante el sacrificio de Jesús, están cubiertos con la misma justicia de Cristo. Esa justicia imputada establece la reconciliación y permite que los seres humanos caídos disfruten de comunión con un Dios santo.

Al igual que Abel, Enoc era un hombre que entendió su propia indignidad y la necesidad de un sacrificio adecuado. A medida que la verdad era transmitida de generación en generación entre los justos descendientes de Set, Enoc habría aprendido de la ofrenda sacrificial de Abel. Claramente, él recibió la verdad que había en ello encerrada, entendiendo que era un pecador inmerecido que necesitaba un sustituto ordenado por Dios para llevar el castigo en su lugar. Su relación personal con el Señor comenzó cuando sus pecados fueron perdonados y fue cubierto por la justicia del Salvador que llevaría los pecados de Enoc en la cruz y pagaría el castigo completo de todos ellos. Como todos los creyentes a lo largo de todas las épocas de la historia, el testimonio de Enoc fue de salvación por gracia mediante la fe.

Además, la vida de Enoc no se caracterizó por un duro legalismo, sino por el gozo de la íntima comunión con su Creador. La gente supone erróneamente que el Antiguo Testamento se enfoca solamente en reglas, rituales y ceremonias. Pero como demuestra el ejemplo de Enoc, el corazón de la verdadera religión siempre se ha centrado en la comunión constante con Dios. El Señor era el compañero de Enoc y su confidente; por lo que Enoc disfrutaba diariamente de una comunión personal con Él.

De igual modo, el término *caminar* expresa la idea de una comunión momento a momento con el Señor. Y en los primeros capítulos de la Escritura, es la forma principal en que a alguien se le identifica como una persona que ha recibido perdón de pecados y que ha sido reconciliada con Dios. Como Noé caminó con Dios, escapó del juicio (Génesis 6.9). Como Abraham caminó con Dios, recibió bendición (Génesis 17.1). Como Enoc caminó con Dios, evitó la muerte.

Ese tipo de comunión es lo que Dios desea y provee. Ese mismo tipo de relación es la que sigue ofreciendo hoy a los pecadores. Como Jesús les dijo a las multitudes a las que predicaba: «Venid a mí todos los que estáis trabajados y cargados, y yo os haré descansar. Llevad mi yugo sobre vosotros, y aprended de mí, que soy manso y humilde de corazón; y hallaréis descanso para vuestras almas» (Mateo 11.28–29). Incluso ahora, el Señor está buscando personas que acudan a Él pidiendo perdón —en base a su sacrificio sustitutorio—, y que caminen con Él.

LA BASE: FE EN EL SEÑOR

El autor de Hebreos, en su relato de la vida de Enoc, proporciona más luz para saber lo que significa caminar con Dios.

Por la fe Enoc fue traspuesto para no ver muerte, y no fue hallado, porque lo traspuso Dios; y antes que fuese traspuesto, tuvo testimonio de haber agradado a Dios. Pero sin fe es imposible agradar a Dios; porque es necesario que el que se acerca a Dios crea que le hay, y que es galardonador de los que le buscan. (Hebreos 11.5–6)

Aquí el énfasis está en la base espiritual del caminar de Enoc, es decir, la fe en Dios. Sin esa fe, el pecador no puede reconciliarse o tener comunión con Él. Como dice tan claramente Efesios 2.8–9: «Porque por gracia sois salvos por medio de la fe; y esto no de vosotros, pues es don de Dios; no por obras, para que nadie se gloríe».

Hebreos 11.6 denota dos características descriptivas de aquellos que, como Enoc, poseen una verdadera fe salvadora. Primero, «el que se acerca a Dios crea que le hay». En otras palabras, el pecador debe afirmar al Dios verdadero tal como Él realmente es. Creer en un dios que es producto de nuestra propia imaginación, o en el concepto genérico de un poder superior, no es suficiente. La fe salvadora encuentra su sentido solo en el Dios verdadero como lo revela la Escritura.

¿Cómo podemos conocer la verdad sobre Dios y la salvación? Solo porque Él ha revelado tanto el camino como a sí mismo en su Palabra. Incluso en los días de Enoc, en el primer milenio de la historia de la humanidad, el Señor había revelado la verdad salvadora sobre sí mismo y sus justos requisitos a la gente de ese tiempo (cp. Judas 14–15). Enoc recibió esa verdad y puso su fe firmemente en el Dios verdadero. Para usar el lenguaje de Hebreos 11.6: Enoc *creyó que Dios es*, queriendo decir que recibió a Dios de todo corazón como Él se había revelado a sí mismo. Si queremos caminar con el Señor, nosotros también debemos poner nuestra fe en Él tal como Él mismo se ha dado a conocer en la Biblia.

Segundo, quienes caminan en fe deben creer que Dios «es galardonador de los que le buscan». Esto significa que deben confiar en que Él es su Redentor y su Salvador, creyendo que cumplirá sus promesas a quienes pongan en Él su esperanza. Un día, su fe será recompensada con vista y su esperanza se materializará en gloria eterna. Ese tipo de confianza caracterizó la fe de Enoc y es la marca de quienes caminan con Dios.

El hecho de que Dios es un Salvador y Redentor distingue al cristianismo de cualquier otra religión del mundo. Mientras que los falsos dioses son indiferentes, distantes, crueles y duros, el Dios vivo y verdadero es un reconciliador y galardonador por naturaleza, como lo explica 1 Juan 4.8–10:

El que no ama, no ha conocido a Dios; porque Dios es amor. En esto se mostró el amor de Dios para con nosotros, en que Dios envió a su Hijo unigénito al mundo, para que vivamos por él. En esto consiste el amor: no en que nosotros hayamos amado a Dios, sino en que él nos amó a nosotros, y envió a su Hijo en propiciación por nuestros pecados.

Debido a su infinito amor, Dios es un galardonador exuberante de todos aquellos que ponen su fe en Él. Como les dijo Pablo a los efesios: «Bendito sea el Dios y Padre de nuestro Señor Jesucristo, que nos bendijo con toda bendición espiritual en los lugares celestiales en Cristo» (Efesios 1.3). Él concede perdón a los pecadores, les viste con su justicia y crea en ellos un nuevo corazón. Dios transforma a los rebeldes en hijos suyos, dándoles su Espíritu, sus bendiciones y la promesa de la vida eterna. Él ha provisto el único camino para que los pecadores indignos tengan comunión con Él mediante su Hijo Jesucristo (Juan 14.6); y a todos los que acuden, Él no los echa fuera. Como Cristo mismo dijo: «Todo lo que el Padre me da, vendrá a mí; y al que a mí viene, no le echo fuera» (Juan 6.37).

El caminar de Enoc con el Señor estaba marcado por la fe firme en el Dios verdadero. Él puso su confianza en el perdón inmerecido de Dios y su justicia imputada, sabiendo que su esperanza en el Señor no sería defraudada. Según Hebreos 11.5, la vida de Enoc estuvo caracterizada «por la fe» hasta el final. La fe es la base de la vida redimida. Lo fue para Enoc y debe serlo también para nosotros.

EL SUBSIGUIENTE RESULTADO: FRUTOS DE JUSTICIA

Caminar con Dios empieza por el perdón del pecado y continúa mediante la fe en el Señor. En tercer lugar, da como resultado una vida transformada. Una de las principales evidencias de una salvación genuina es un deseo sincero, por parte del convertido, de conocer íntimamente a Dios y obedecerle por completo. La última línea de Hebreos 11.6 dice que quienes agradan a Dios «le buscan». Esa búsqueda no termina en el momento de la conversión, sino que representa un deseo de por vida de seguir creciendo en esa relación con Él. Enoc caminó con Dios durante trescientos años. La implicación es que, durante todos esos años, creció en su comunión con Dios, buscando continuamente conocerle de forma perfecta.

El concepto de buscar implica tener propósito y enfoque; es una búsqueda intencionada y apasionada. Ese tipo de diligencia caracterizaba a todos aquellos a quienes la Escritura describe como personas que caminaron con Dios: incluyendo a Enoc, Noé, Abraham, Moisés, Josué, David, Ezequías y Josías. Ellos desearon fervientemente conocer a Dios y, como resultado, le buscaron con todo su ser.

También entendieron que caminar con Dios incluye vivir en obediencia a Él. Como les dijo el Señor a los israelitas, mientras estuvieron acampados en el monte Sinaí: «Si anduviereis en mis decretos y guardareis mis mandamientos, y los pusiereis por obra... andaré entre vosotros, y yo seré vuestro Dios, y vosotros seréis mi pueblo» (Levítico 26.3, 12). Caminar en comunión con Dios es: «Y amarás al Señor tu Dios con todo tu corazón, y con toda tu alma, y con toda tu mente y con todas tus fuerzas» (Marcos 12.30). Ese tipo de amor que consume supone obediencia. Como les dijo el Señor Jesús a sus discípulos en el aposento alto: «Si me amáis, guardad mis mandamientos» (Juan 14.15). Unos pocos versículos después, reiteró ese punto con estas palabras: «Vosotros sois mis amigos, si hacéis lo que yo os mando» (Juan 15.14).

El concepto de caminar con Dios, un tema prominente en el Antiguo Testamento, continúa en el Nuevo. Se manda a los creyentes que caminen de manera digna del Señor. No deben caminar según la carne o su antigua manera de vivir, sino más bien, según el Espíritu, en novedad de vida, en amor, en buenas obras y en verdad. Deben caminar por fe, como hijos de luz, y guardar los mandamientos de Dios. Jesús mismo fue el máximo ejemplo de alguien que vivió cada momento en perfecta comunión e intimidad con su Padre. Él establece el patrón que debemos seguir. Como nos recuerda 1 Juan 2.6: «El que dice que permanece en él, debe andar como él anduvo».

Como los creyentes en los tiempos bíblicos, todos los cristianos son llamados a caminar en obediencia, verdad y bondad. Por supuesto, todo en la sociedad combate ese esfuerzo. La cultura secular cada vez es peor, y la iglesia, en muchos casos, se ha vuelto débil y hueca. La tentación a transigir y pecar es inmensa e implacable; pero como en los días de Enoc y Noé, Dios está viendo a quienes caminan fielmente con Él. Como nos recuerda 2 Crónicas 16.9: «Porque los ojos de Jehová contemplan toda la tierra, para mostrar su poder a favor de los que tienen corazón perfecto para con él». Las acciones de los hombres y mujeres piadosos no están determinadas por la presión de grupo o la opinión popular. Al contrario, surgen del profundo carácter personal y la convicción: esa clase de convicción forjada durante años caminando con el Señor en comunión, verdad y obediencia.

Ese tipo de caminar caracterizó la vida de Enoc. Comenzó con el perdón de pecados, estaba marcado por la fe en el Señor y, por consiguiente, dio como resultado frutos de justicia. En medio de una sociedad corrupta que se dirigía a la destrucción total, el caminar de Enoc con Dios era algo contracultural y celestial en carácter, como demuestra su final terrenal.

UN HOMBRE QUE PREDICÓ LA VERDAD

Como cualquier persona piadosa, a Enoc le preocupaba mucho la ruina espiritual de las almas de su sociedad. Y pasó a la acción para advertirles del inminente juicio de Dios.

Génesis 5.21 indica que Enoc llamó a su hijo «Matusalén»: un nombre que significa o bien «hombre de la jabalina» u «hombre del envío». Evidentemente, el Señor le había revelado a Enoc que el juicio llegaría de forma repentina sobre la tierra (enviado como una jabalina), pero que no llegaría hasta que no muriera Matusalén. Por tanto, incluso el nombre del hijo de Enoc era una advertencia al mundo de su época. El hecho de que Dios permitiera que Matusalén viviera casi mil años (más que cualquier otra persona en la historia) muestra que Él es misericordioso y paciente con los pecadores (cp. 2 Pedro 3.9).

Enoc tenía sesenta y cinco años de edad cuando nació Matusalén. Según Génesis 5.22, fue en ese momento de su vida cuando Enoc realmente comenzó a caminar con Dios.

Quizá eso se debió a que se dio cuenta de que el juicio era inminente. Pero independientemente de la causa, a partir de este suceso, buscó al Señor diligentemente; y también buscó la salvación de la gente que le rodeaba, advirtiéndoles de la ira de Dios que caería sobre los impíos.

El apóstol Judas nos da un destello del contenido de la predicación de Enoc. En Judas 14–15, leemos:

> De éstos también profetizó Enoc, séptimo desde Adán, diciendo: He aquí, vino el Señor con sus santas decenas de millares, para hacer juicio contra todos, y dejar convictos a todos los impíos de todas sus obras impías que han hecho impíamente, y de todas las cosas duras que los pecadores impíos han hablado contra él.

Judas escribió esto como una advertencia contra los falsos maestros que intentaban entrar en la iglesia; pero deja claro que no era una nueva amenaza. Desde la caída de Satanás, siempre han existido falsos maestros; y estaban presentes en tiempos de Enoc: aquellos que habían «seguido el camino de Caín» (Judas v. 11) abogando por la maldad, la inmoralidad y la rebeldía contra Dios. La advertencia profética que da Enoc encaja tan bien con el mensaje de Judas, que el Espíritu Santo inspiró a Judas a usarlo como un paralelismo.

El sonido de trompeta de Enoc acerca del juicio inminente contrasta con la falsa comodidad que cubría la cultura impía de su época. Aunque esa profecía no se escribió en el libro de Génesis, el Espíritu Santo se la reveló al apóstol Judas para que pudiera incluirla en su carta. Como tal, podemos estar confiados en su veracidad histórica. El mensaje de Enoc en Judas, vv. 14–15, es de hecho la profecía humanamente declarada más antigua registrada en la Escritura. Sus palabras, aunque se encuentran al final de la Biblia, son anteriores a la predicación de Noé, Moisés, Samuel y los demás profetas del Antiguo Testamento por muchos siglos.

Judas tomó esta cita de un libro apócrifo llamado *1 Enoc* que se incluyó en la tradición escrita del pueblo judío. Al citar ese libro, Judas no estaba dando a entender que aprobara todo lo que hay en él, pero afirmó que esa cita en particular sin duda era parte del mensaje original de Enoc. Del mismo modo que el apóstol Pablo citó a poetas griegos paganos para establecer un punto en Hechos 17.28, Judas citó aquí de una fuente judía muy conocida para enfatizar la certeza del juicio de Dios contra los impíos.

La seria advertencia de Enoc enfatizó cuatro realidades con respecto al juicio de Dios a los malvados. En primer lugar, se centró en Dios como el Juez, destacando que el Señor mismo llegaría para castigar a los impíos. Cuando empezase a desatarse la destrucción, no habría duda de quién estaba tras ello. En el original griego, el verbo *«viene»* está en tiempo pasado, indicando que Enoc estaba tan seguro de la participación del Señor que habló de ello como si ya hubiera ocurrido.

En segundo lugar, Enoc explicó que el Señor no vendría por sí mismo. Aunque solo Él es el Juez supremo, vendrá acompañado de multitudes celestiales enviadas para ejecutar sus juicios. La palabra traducida como *«santos»* realmente significa «los santos», en griego. En el contexto, se entiende mejor como santos ángeles, ya que en la Escritura los ángeles a menudo acompañan al Señor en el juicio. La profecía de Enoc indica que los ángeles tuvieron su parte en la devastación que se produjo con el diluvio. Ellos también participarán en la mortal destrucción del mundo al final de la historia de la humanidad.

En tercer lugar, la advertencia de Enoc subrayó el hecho de que la ira de Dios tenía un propósito concreto, que era ejecutar juicio sobre todos los impíos. Aquellos que han menospreciado la ley de Dios, demostrando activamente la depravada naturaleza de su corazón, serán castigados justamente a manos del Creador al cual han ofendido y deshonrado. El verbo traducido como «*convencer*» significa «exponer» o «demostrar que se es culpable». El juicio del Señor sobre los malvados no fue aleatorio, incontrolado o no provocado. Fue una respuesta dirigida a la rebeldía declarada y la iniquidad de cada violación en el mundo pecador.

En cuarto lugar, Enoc dejó claro que el juicio de Dios era bien merecido para aquellos sobre los que recayó. Enoc usó la palabra «*impíos*» cuatro veces para describir la maldad sobre la que el Señor trajo el juicio. Eran impíos en sus actitudes, acciones, motivos y palabras. Como Juez justo y santo, Dios tenía razón al castigarles. Ellos habían atesorado ira divina para sí mismos (Romanos 2.5), todo lo que hacían, incluyendo las intenciones de su corazón, era de continuo el mal (Génesis 6.5).

Durante trescientos años, este fue el tema del mensaje profético de Enoc. Sin lugar a duda, su caminar personal con Dios habría sido evidente en el poder de su ferviente predicación. Advirtió fielmente al mundo de la ira venidera de Dios. Aunque él mismo nunca llegó a ver el juicio, Enoc lo proclamaba con osadía. Los que caminan cerca de Dios advierten con pasión a los pecadores del juicio de Dios para ellos. Tres generaciones después, el bisnieto de Enoc, Noé, tomó ese mismo manto (2 Pedro 2.5). Cuando comenzaron a caer las primeras gotas de lluvia y las aguas del diluvio empezaron a subir, nadie pudo decir que no se les advirtió repetidas veces.

Aunque la profecía de Enoc se cumplió inicialmente en ese gran diluvio, al final miraba más lejos del diluvio: al futuro regreso de Cristo y el juicio de Dios a este planeta caído. En el pasado, Dios inundó al mundo con agua, pero finalmente esta tierra será destruida por fuego (2 Pedro 3.10–12). Como tales, las palabras de Enoc siguen sirviendo como grave advertencia en nuestra propia época. El Señor Jesucristo ciertamente regresará con las huestes celestiales; y cuando lo haga, castigará a los impíos que ni creen en Él ni obedecen su evangelio (2 Tesalonicenses 1.7–10).

UN HOMBRE QUE CAMINÓ HASTA EL CIELO

Durante su vida, Enoc se caracterizó por una íntima comunión con Dios, su integridad personal y una fiel predicación. Pero es su salida sin muerte lo que separa a Enoc del resto. El relato de Génesis cierra el telón final con una enigmática brevedad, diciendo simplemente: «y desapareció, porque le llevó Dios» (Génesis 5.24b). Es importante destacar que la expresión hebrea «le llevó» no significa «quitarle la vida a alguien» en el sentido de matar a una persona o causar la muerte cuando no le correspondía, más bien tiene el mismo sentido que la palabra *«rapto»*, que significa «arrebatar» o «hacer subir» al cielo. En el Nuevo Testamento, Hebreos 11.5 amplía nuestro entendimiento de lo que le ocurrió a este buen hombre: «Por la fe Enoc fue traspuesto para no ver muerte, y no fue hallado, porque lo traspuso Dios».

¡Es una afirmación asombrosa! Un día durante su año trescientos sesenta y cinco, Enoc de repente desapareció. Se fue de esta tierra sin dejar rastro. Emprendió un camino con Dios y nunca regresó. Se alejó de la tierra, más allá del universo, y entró al cielo. Por vez primera en la historia de la humanidad no hubo obituario, porque no hubo muerte que registrar. Según algunas tradiciones judías, Enoc fue escoltado al cielo del mismo modo que Elías; pero eso es solo especulación, ya que la Biblia no nos da más detalles.

Es significativo saber que el increíble arrebato de Enoc al cielo serviría como anticipo del rapto que los creyentes experimentarán cuando Cristo venga a buscar a su novia: la iglesia. En ese momento, todos los salvos serán transportados milagrosamente para reunirse con su Salvador en el aire, y luego serán escoltados por Él hasta el cielo. Como les dijo Pablo a los tesalonicenses:

> Porque el Señor mismo con voz de mando, con voz de arcángel, y con trompeta de Dios, descenderá del cielo; y los muertos en Cristo resucitarán primero. Luego nosotros los que vivimos, los que hayamos quedado, seremos arrebatados juntamente con ellos en las nubes para recibir al Señor en el aire, y así estaremos siempre con el Señor. (1 Tesalonicenses 4.16–17)

Asombrosamente, en el rapto de la iglesia habrá toda una generación de Enoc: aquellos que no gustaron la muerte porque fueron arrebatados por Dios. En ese momento, en un «abrir y cerrar de ojos», oirán la voz del arcángel y la trompeta de Dios, y recibirán sus cuerpos de resurrección (1 Corintios 15.52). Como Enoc, no morirán, sino que desaparecerán de la tierra antes de que se desate el juicio.

El «abrir y cerrar de ojos» no es un parpadeo, sino lo que tarda un rayo de luz en reflejarse en el ojo. Esa es la velocidad con la que los creyentes se irán de la tierra para reunirse con su Salvador, y seguro que fue la velocidad con la que Enoc partió de este planeta para irse al paraíso. En la ciencia atómica, un «salto cuántico» describe el salto instantáneo de un electrón de un nivel de energía a otro, aparentemente sin pasar por el espacio que hay entre ellos. Cuando Cristo venga a buscar a su iglesia, los creyentes darán un salto cuántico al cielo.

Como ocurre con todos los héroes de la fe nombrados en Hebreos 11, la vida de Enoc es notable no por lo que hizo, sino por cómo la gloria y la grandeza de Dios se mostraron a través de él. Gran parte de la vida de Enoc fue inesperada y extraordinaria. Sin embargo, aún tiene mucho que enseñarnos, razón por la cual la Biblia le incluye como un ejemplo de fe salvadora e integridad personal. En medio de una generación perversa, Enoc tuvo comunión con Dios constantemente. Durante tres siglos resistió la corrupción del mundo, buscó diligentemente al Señor y vivió en obediencia a Él. Más aun, entendió que la «amistad con el mundo es enemistad con Dios» (Santiago 4.4). Como amigo de Dios, Enoc confrontó la corrupción que caracterizaba a su cultura, y advirtió a los pecadores del juicio que espera a todos aquellos que sigan viviendo impíamente. Al final, Dios honró a Enoc para mostrarle su deleite con esa fiel virtud.

Aunque nosotros puede que no escapemos de la muerte en esta vida (a menos que vivamos cuando el Señor llame a la iglesia en el rapto), tenemos la misma esperanza que tenía Enoc. Como personas que hemos puesto nuestra fe en Jesucristo, caminando con Él en total perdón e íntima comunión, podemos descansar seguros en que hemos recibido la vida eterna. Ya no estamos bajo la ira de Dios, ni veremos jamás su condenación (Romanos 8.1). Aunque muramos, el aguijón de la muerte ha desaparecido, reemplazado por la esperanza de la vida resucitada. Para nosotros, estar ausentes del cuerpo es estar presentes de forma instantánea y eterna con el Señor (cp. 2 Corintios 5.8; Filipenses 1.21).

El caminar de Enoc con Dios no terminó cuando entró en el cielo. ¡Se perfeccionó! Y así ocurrirá con nosotros. En la eternidad disfrutaremos de una gloriosa comunión con nuestro Señor y Salvador, al adorar y servir en la infinita maravilla de su incomparable presencia.

2

JOSÉ: PORQUE DIOS LO ENCAMINÓ A BIEN

—◦—

Vosotros pensasteis mal contra mí, mas Dios lo encaminó a bien,
para hacer lo que vemos hoy, para mantener en vida a mucho pueblo.

—GÉNESIS 50.20

ONCE ROSTROS ABATIDOS MIRABAN FIJA Y ANSIO-samente al suelo. Aunque todos los ojos miraban al suelo, la atención estaba centrada en el hombre en el trono al frente de la sala. Acurrucados en un tenso silencio, los once se postraban ante uno de los gobernantes más poderosos de la tierra, sabiendo que tenía autoridad para ejecutarlos.

Ataviado en forma peculiar como correspondía a su oficio y flanqueado por guardas y siervos, el primer ministro miró hacia abajo a esos humildes pastores mientras ellos se inclinaban ante él. Su larga historia con esos hombres incluía recuerdos especialmente gráficos de dolor y rechazo. Le habían tratado mal de manera impensable en el pasado. Ahora las cosas habían cambiado. Con una palabra, él podía promulgar varias retribuciones graves sobre esos hombres que le habían traicionado.

¿Es eso lo que José les haría a sus hermanos? Su padre Jacob acababa de morir y juntos le habían enterrado. Ahora estaban postrados ante su hermano suplicándole misericordia, temiendo que, con la muerte de su padre, José pudiera finalmente buscar venganza contra ellos por la crueldad tan grave que habían perpetrado contra él hacía décadas.

Los minutos parecían horas ante la sombría anticipación de la decisión de José. Los hermanos estaban preparados para lo peor. Rubén, el mayor, se culpaba desde hacía mucho tiempo por lo que habían hecho con José. Judá también sintió el peso de la culpa; él fue quien sugirió inicialmente la venta de José como esclavo. Pero los demás hermanos, salvo Benjamín, el más pequeño, habían participado en ese impensable acto de traición. Todos merecían sentir la culpa. ¿Sería ese el día en el que finalmente su delito se volvería contra ellos?

Cuando se rompió el silencio, no fue con una voz de airadas amenazas o duro castigo. Al contrario, el sonido fue el de un lloro. Las lúgubres expresiones de los hermanos se ablandaron por el desconcierto. Uno a uno, lentamente alzaron su mirada, curiosos por ver lo que ocurría. José les volvió a mirar con una sonrisa de perdón, con lágrimas corriendo por su rostro. Sus lágrimas se volvieron contagiosas, por lo que todos comenzaron a llorar.

Luchando por guardar su compostura, José se tranquilizó lo suficiente como para liberar la compasión que había en su corazón. El relato de Génesis lo narra con estas palabras:

> No temáis; ¿acaso estoy yo en lugar de Dios? Vosotros pensasteis mal contra mí, mas Dios lo encaminó a bien, para hacer lo que vemos hoy, para mantener en vida a mucho pueblo. Ahora, pues, no tengáis miedo; yo os sustentaré a vosotros y a vuestros hijos. Así los consoló, y les habló al corazón. (Génesis 50.19–21)

A diferencia de aquellos que engendran odio y deseo de venganza, José trató a sus hermanos con un favor inmerecido.

Pero, ¿cómo es posible que la bondad y el amor crezcan en el corazón de alguien a quien han tratado tan mal? La respuesta la encontramos en la teología de José: él tenía un claro entendimiento de la providencia de Dios. En el momento, con sus hermanos delante de él y sus pruebas detrás, José articuló una perspectiva que resumía la historia de su vida: *Dios está en control y podemos confiar en que nos dará la salida.*

La historia de José se ha contado muchas veces y de muchas formas: desde las dramáticas producciones con túnicas de colores en tecnicolor hasta dibujos animados interpretados por verduras que hablan [los Veggie Tales]. Lecciones espirituales acerca del amor fraternal, la pureza moral, la buena administración y la paciente perseverancia se han sacado de la vida de José. Son lecciones útiles para aprender, pero no son la razón por la que sus experiencias se han escrito para nosotros en la Biblia. Hasta que no veamos el cuadro global de lo que Dios estaba haciendo a través de José, inevitablemente nos perderemos la verdad profunda y fundamental que nos enseña el relato de este héroe inconcebible.

José no se perdió esa verdad, la resumió en los versículos citados arriba. Lo fundamental: el Señor usó el sufrimiento de José para llevar a cabo sus propósitos soberanos. Con toda seguridad, Dios tenía algunas lecciones de la vida prácticas que quería que José aprendiera durante el camino. Pero Él pensaba en algo mucho mayor: un plan para su pueblo escogido, un plan que incluía librarles de una hambruna de siete años muy fuerte y después llevarles a Egipto, donde en los siglos siguientes se transformarían de familia en una nación para testimonio de su gloria. Era todo parte del plan de Dios para cumplir sus promesas de pacto de una simiente y salvación que se extendería a toda la tierra (cp. Génesis 12.1–3).

Como creyentes del Nuevo Testamento que miran atrás para ver el ejemplo de José, podemos ver el principio de

Romanos 8.28 encarnado en su vida: «Y sabemos que a los que aman a Dios, todas las cosas les ayudan a bien, esto es, a los que conforme a su propósito son llamados». Como lo dijo José mismo, Dios encaminó las dificultades de su vida para bien de su pueblo; y aunque José no sufrió porque Dios le estuviera castigando por el pecado, *sufrió* para que Dios pudiera finalmente salvar a los pecadores.

UNA DISPUTA FAMILIAR

El doloroso viaje de José en el buen propósito de Dios comenzó cuando tenía tan solo diecisiete años y aún vivía en la tierra de Canaán con su padre y sus hermanastros mayores. Aunque todos eran hijos de Jacob (cuyo nombre Dios había cambiado a *Israel* en Génesis 32.28), los diez hermanos mayores de José no nacieron de su madre Raquel. Solo él y su hermano menor Benjamín tenían la misma madre, la cual había muerto al nacer Benjamín.

El entorno donde José creció estaba lleno de tensión y riña familiar. El conflicto estaba a la orden del día en la familia. Su padre Jacob había engañado a su propio padre Isaac para engañar también a su hermano Esaú y quedarse con la primogenitura. El abuelo materno de José, Labán, también se decepcionó con Jacob por intentar irse de su casa a escondidas en Harán. Su madre Raquel, vivía en una guerra constante de celos con su hermana mayor: Lea. En una carrera por tener más hijos, Lea y Raquel le dieron a Jacob sus sirvientas como concubinas, lo cual complicó aun más las relaciones familiares. Cuando la familia se mudó a Canaán, dos de los hermanastros de Jacob, Simeón y Leví, asesinaron a toda una aldea para vengar a su hermana Dina, lo cual causó una profunda angustia en su padre y llenó de tensión las relaciones con sus nuevos vecinos. El hermano mayor de José, Rubén, incluso tuvo una aventura amorosa con una de las concubinas de su padre, algo de lo que después se enteró su padre. No hace falta decir que la vida en casa de José estaba llena de malas relaciones. Las cosas no mejoraron para el joven cuando su madre murió ni cuando sus hermanos comenzaron a tratarle con hostilidad y resentimiento. Sin embargo, de esa lucha turbulenta Dios cumpliría sus planes para esa familia en conflicto, para José en particular, para la nación de Israel y para todo el mundo.

Según Génesis 37, los hermanos de José le odiaban por varias razones. La esencia del problema estaba en que él era el hijo predilecto de su padre (v. 3). Jacob ya había mostrado favoritismo antes con Raquel, la madre de José, y ahora trataba a su hijo con más favor que a los demás. De la misma forma que Lea había envidiado a su hermana Raquel, los hermanos de José se pusieron celosos de él. Para demostrar su particular afecto por José, Jacob le dio una túnica real. El hecho de que fuera o no una túnica de *muchos colores* es algo que debaten los comentaristas bíblicos; la palabra hebrea se puede referir a una túnica de manga larga o una túnica larga hasta los tobillos. Pero, independientemente de su apariencia, se la dio como un símbolo de la condición de favorito de José, y terminó siendo un símbolo del desprecio de sus hermanos.

Todo ese asunto se agravó cuando a los hermanos de José les pareció que este actuaba como la realeza. No solo vestía una túnica real, sino que ellos pensaban que estaba empezando a hablar y actuar como si fuera superior. Su padre también le había elevado haciéndole responsable de controlar el trabajo de sus hermanos, y José no dudaba en regresar con un mal informe acerca de ellos (Génesis 37.2). Más ofensivos aun fueron sus relatos de unos sueños aparentemente extravagantes, en los que sus hermanos le rendían homenaje, y acerca de los cuales él parecía estar más que dispuesto y feliz de contarles.

Un día, se reunió con sus hermanos con el siguiente anuncio de un sueño:

He aquí que atábamos manojos en medio del campo, y he aquí que mi manojo se levantaba y estaba derecho, y que vuestros manojos estaban alrededor y se inclinaban al mío. Le respondieron sus hermanos: ¿Reinarás tú sobre nosotros, o señorearás sobre nosotros? Y le aborrecieron aun más a causa de sus sueños y sus palabras. (Génesis 37.7–8)

Un segundo sueño en el que el sol, la luna y las estrellas se inclinaban ante él, no hizo sino irritar más a sus envidiosos hermanos. Su joven hermanastro, a quien sin duda alguna veían como alguien arruinado por su inflado ego, definitivamente se había pasado de la raya. El relato bíblico nunca atribuye orgullo a José al compartir sus sueños; quizá los estaba contando porque creía que Dios se los dio para que él se los contara a los miembros de su familia. Sin embargo, el odio de sus hermanos se acrecentó con esos sueños. Comenzaron a buscar la oportunidad de despojar al soñador tanto de su túnica como de su lugar en la familia.

La oportunidad se presentó un día cuando los hermanos de José estaban alimentando a sus rebaños en Dotán y él fue enviado a visitarles. El viaje no era corto, ya que Dotán estaba situada a unos cien kilómetros de distancia. José tardaría varios días en llegar hasta donde ellos estaban.

Sus hermanos le vieron llegar a lo lejos y permitieron que el odio se convirtiera en un plan mortal.

Cuando ellos lo vieron de lejos, antes que llegara cerca de ellos, conspiraron contra él para matarle. Y dijeron el uno al otro: He aquí viene el soñador. Ahora pues, venid, y matémosle y echémosle en una cisterna, y diremos: Alguna mala bestia lo devoró; y veremos qué será de sus sueños. (Génesis 37.18–20)

De no ser por la intervención de Rubén, al sugerir que era mejor arrojarle vivo a un pozo, los hermanos de José le hubieran matado allí mismo. Como hermano mayor, Rubén era responsable de proteger a su hermano. Génesis 37.22 explica que él tenía planeado regresar al pozo y rescatar a José.

Cuando llegó el hijo favorito de Jacob, sus hermanos le tomaron, le despojaron de su túnica especial y le arrojaron a un pozo seco. El pozo grande y hondo estaba excavado en la roca. Tenía una pequeña abertura arriba, lo suficiente para que entrara un cubo de agua (o un adolescente). Más abajo, la angosta entrada se hacía mayor hasta convertirse en un considerable abismo. Las paredes resbaladizas cubiertas de yeso para asegurarse de que no se escapara el agua, habrían hecho imposible que José pudiera escaparse de aquel lugar por sí solo. Temeroso y confuso, clamaba pidiendo ayuda desde dentro de esa oscura prisión. Pero sus hermanos no escuchaban sus ruegos.

Al contrario, decidieron irse a comer. Mientras se sentaban a comer y a decidir qué harían con José, vieron una caravana de mercaderes que pasaba por aquel lugar. Esa caravana les aportaba una nueva opción, así que Judá les dijo a sus hermanos: «¿Qué provecho hay en que matemos a nuestro hermano y encubramos su muerte? Venid, y vendámosle» (Génesis 37.26–27a). Tras algunas negociaciones, establecieron un precio de veinte piezas de plata (el precio promedio para un esclavo varón en ese tiempo). Sacaron, pues, al aterrado adolescente del pozo y le entregaron al grupo de mercaderes de Arabia del norte que se dirigía a Egipto. José siguió rogando a sus hermanos, pero no sirvió de nada (véase Génesis 42.21). Ellos querían deshacerse de él para siempre.

José descendió de hijo predilecto a ser un esclavo secuestrado. Seguramente se preguntaba por qué Dios permitía que ocurriera eso. ¿Y cómo encajaba eso en los sueños que Dios le había dado? Sin previo aviso, se había convertido en una víctima del «tráfico humano». A los diecisiete años, el mundo entero de José se había puesto patas arriba. Traicionado por sus hermanos, le habían arrebatado violentamente las alegrías de su hogar y la seguridad del amor de su padre. Como sabemos el final de la historia, también sabemos que aunque el Señor nunca aprueba el mal, lo invalida y logra sacar de ello su propósito.

Rubén, que se había ido, no regresó al pozo hasta que José ya no estaba. Como primogénito, Rubén sabía que Jacob le haría responsable de todo lo acontecido. Con angustia y consternación, rasgó sus vestiduras, y temiendo la ira de su padre les dijo a sus hermanos: «El joven no parece; y yo, ¿adónde iré yo?» (Génesis 37.30).

Todos sabían que tenían que evitar la ira de su padre, así que se inventaron una elaborada mentira. Primero mataron una cabra y después mancharon la túnica de José con su sangre. La idea era engañar a su padre para que creyera que era la sangre de José y que un animal salvaje se lo había comido. Irónicamente, Jacob había engañado a su padre Isaac usando la piel de una cabra años atrás (Génesis 27.16).

Cuando vio la túnica de José manchada de sangre, Jacob entró en una prolongada depresión lamentando la pérdida de su hijo. Sus otros hijos intentaban consolarle, pero él rehusaba ser consolado. La culpa debía de estar carcomiendo a Rubén y probablemente también a los otros hermanos (cp. Génesis 42.22); pero fue mitigada por el hecho de que se habían deshecho de su hermano, de una vez por todas. O al menos eso pensaban.

UNA FALSA ACUSACIÓN

Entretanto, José era llevado a Egipto, donde fue vendido como esclavo a Potifar, jefe de los sirvientes del Faraón. Sin embargo, en los propósitos de Dios y a través de las cualidades naturales de liderazgo de José, rápidamente escaló a una posición prominente en casa de Potifar. José era tan capaz y leal, que su amo no tuvo problemas en poner a su cargo todas sus posesiones. Las mismas cualidades que le hicieron ser el hijo favorito de su padre le hicieron ser el esclavo favorito de su amo.

Fue la providencia de Dios la que hizo que José fuese llevado a la casa de Potifar. Su amo era parte de la corte del Faraón, cosa que le permitió a José tener acceso a la realeza y a las costumbres nobles de Egipto. Ese conocimiento resultó más adelante ser esencial. José también tuvo la oportunidad única de desarrollar sus cualidades de liderazgo. En vez de solo informar de las actividades de sus hermanos (como había hecho en Canaán), ahora administraba directamente los recursos de su amo. Esa experiencia administrativa resultó de igual modo valiosísima para el futuro de José. Que José estuviera en la casa de Potifar también aseguraba que, si alguna vez llegara a ser culpable de algún delito, sería enviado al mismo lugar donde iban los propios prisioneros del Faraón (véase Génesis 39.20). Eso también fue crucial para el plan divino.

Sin embargo, la situación se complicó cuando la esposa de Potifar comenzó a tener un interés ilícito en el esclavo hebreo de su esposo. El texto bíblico deja ver que José era hermoso en apariencia (Génesis 39.6), y que las responsabilidades de Potifar, como miembro de la corte de Faraón, probablemente le hacían ausentarse de casa a menudo y por largos períodos. Algunos comentaristas han sugerido incluso que quizá pudiera ser un eunuco. En cualquier caso, motivada por sus propios deseos lascivos, la esposa de Potifar intentó repetidas veces seducir a José; y él repetidas veces rechazó sus insinuaciones.

José reconoció la ausencia de su amo cuando respondió a su aspirante a seductora. Según Génesis 39.8–9:

Y él no quiso, y dijo a la mujer de su amo: He aquí que mi señor no se preocupa conmigo de lo que hay en casa, y ha puesto en mi mano todo lo que tiene. No hay otro mayor que yo en esta casa, y ninguna cosa me ha reservado sino a ti, por cuanto tú eres su mujer; ¿cómo, pues, haría yo este grande mal, y pecaría contra Dios?

José evaluó la situación correctamente. Consentir a los deseos de ella hubiera sido no solo traicionar la confianza de su amo, sino que también hubiera sido una ofensa atroz contra el Señor mismo.

Uno de esos días en los que José estaba solo en casa, la mujer lo arrinconó y se aferró de su túnica. En un esfuerzo inmediato por escapar, José se deshizo de su túnica, dejándola en manos de ella. Por segunda vez en su vida, le arrebataron su ropa. Cuando sus hermanos tomaron su túnica, lo arrojaron a un pozo. Esta vez, su túnica en las manos de la esposa de Potifar daría como resultado que lo arrojaran a prisión.

Despreciada por su rechazo, sus deseos sensuales de placer con José se convirtieron inmediatamente en una fiera animosidad. Su furia se encendió contra José, por lo que gritó a los otros siervos de la casa. Cuando la encontraron, acusó a José de intentar violarla, enseñando su túnica como prueba.

José era inocente, por supuesto, pero no tenía coartada, y ella tenía su ropa. Era su palabra contra la de ella; y cuando el amo llegó a casa, fue el esclavo de Potifar y no la esposa de Potifar quien acabó en prisión. Sin embargo, es importante destacar que José no recibiera la pena de muerte por los delitos que se le imputaban. Normalmente, en el antiguo Egipto el adulterio era una ofensa capital. El hecho de que simplemente lo arrojaran a la prisión podría indicar que, aunque Potifar estaba enojado, conocía el carácter de José y no estaba del todo convencido de la credibilidad de su esposa. Así que ataron a José y de nuevo le tomaron cautivo. Una vez más, José debió preguntarse por qué le sucedían todas esas cosas realmente malas cuando no había hecho nada para merecer tal trato. De hecho, en medio de una gran tentación, había respondido de continuo honrando al Señor y haciendo lo correcto. Desde una perspectiva humana, sus circunstancias parecían totalmente injustas. Él no podía saber en ese entonces que Dios tenía a José exactamente donde lo quería. El Señor tenía todo perfectamente bajo control.

UN AMIGO OLVIDADIZO

Parece extraño, pero incluso en prisión José experimentó la bendición del Señor. El encargado se dio cuenta de sus habilidades administrativas y muy pronto lo pusieron a cargo de las operaciones de la prisión. José era tan competente y eficiente que, según Génesis 39.23, «no necesitaba atender el jefe de la cárcel cosa alguna de las que estaban al cuidado de José, porque Jehová estaba con José, y lo que él hacía, Jehová lo prosperaba».

Las evidencias arqueológicas de este período indican que, dentro del sistema penal egipcio, una de las posiciones que tenían los encargados de las prisiones era el llamado «escriba de la prisión», que era responsable de guardar todos los registros de la cárcel. Debido a la experiencia que obtuvo al trabajar para Potifar, y la descripción bíblica de su función mientras estuvo encarcelado, es muy probable que José obtuviera tal posición de prominencia, obteniendo así el acceso a todos los presos, incluyendo los de la corte real.

Tras un poco de intriga real, el copero del Faraón y el panadero jefe llegaron a la prisión. El relato bíblico no indica la naturaleza de los delitos que se les imputaban, salvo que habían ofendido en gran manera al rey. Es muy probable que fueran

sospechosos de alguna traición relacionada con un plan para
envenenar al rey. ¿Por qué si no arrojarían en prisión a los jefes
del equipo encargado de la preparación de la comida del Faraón?
¿Y por qué otra razón irían a dar muerte en la horca al panadero
jefe? Sea cual fuera la naturaleza de sus delitos, el panadero y el
copero estaban en prisión esperando el veredicto del Faraón.

Una noche, los dos hombres tuvieron un sueño tan inquie-
tante y extraordinario que al día siguiente seguían pensativos.
Cuando José les preguntó por la causa de su consternación,
ambos repitieron su sueño. Como respuesta, José reveló la
interpretación correcta de cada sueño: un mensaje transforma-
dor de restauración para el copero, y un mensaje de fin de vida
y condenación para el panadero.

El relato de Génesis deja claro que Dios fue quien les dio
a esos hombres sus sueños y a José la interpretación. Como le
ocurriría a Daniel siglos después, José sabía que no tenía capacidad para predecir el futuro (Daniel 2.27–30). El Señor reveló
la verdadera interpretación para que su poder se mostrara y se
cumplieran sus propósitos.

Tras interpretar el sueño del copero, José le pidió específicamente que no se olvidara de él. En Génesis 40.14–15 le dijo
al copero: «Acuérdate, pues, de mí cuando tengas ese bien, y te
ruego que uses conmigo de misericordia, y hagas mención de
mí a Faraón, y me saques de esta casa. Porque fui hurtado de
la tierra de los hebreos; y tampoco he hecho aquí por qué me
pusiesen en la cárcel». En dos ocasiones anteriores otras personas habían tratado a José injustamente: primero, sus propios
hermanos y luego la esposa de Potifar. Esta vez se encomendó
al copero del Faraón. De nuevo, no se acordarían de él. El
copero fue restaurado a su servicio al Faraón, pero hizo caso
omiso a la petición de José. El capítulo 40 de Génesis termina
con esta última frase: «Y el jefe de los coperos no se acordó de
José, sino que le olvidó» (v. 23).

Durante dos años más, José sufrió las privaciones e indignidades de la prisión. Como el copero había prometido recomendarle, José probablemente fue optimista las primeras semanas o meses. Quizá oiría de la corte del Faraón que le perdonarían. Pero no llegó nada. A medida que los meses se convertían en años, el prisionero hebreo llegó a aceptar el hecho de que otro hombre en quien había confiado le había defraudado.

Pero Dios no se había olvidado ni abandonado a José. Ni tampoco permitiría el Señor que la amnesia del copero durara de modo indefinido. Llegó el momento en que Faraón necesitaba alguien que pudiera interpretar sueños. Justo a tiempo, en la trama de ese drama divinamente orquestado, el copero se acordó de la experiencia tan extraordinaria que tuvo en prisión. El plan de Dios para José se cumplía tal y como Él quería.

UNA HAMBRUNA PRONOSTICADA

Una noche el Faraón se despertó con un sudor frío, perplejo por la pesadilla más gráfica y terrible que jamás había experimentado. En su sueño, el Faraón estaba en la orilla del río Nilo, con siete vacas hermosas y sanas que pastaban en una pradera cercana. El cuadro era pacífico y sereno. De repente, como algo extraído de una horrible película de terror, siete vacas flacas entraron en el campo, atacaron a las vacas gordas, ¡y se las comieron! Incluso después de devorar a las vacas gordas, las flacas seguían estando tan feas y delgadas como antes. El Faraón respondió al sueño despertándose sobresaltado: sin duda alguna sentado en su cama y mirando en la oscuridad. ¿Qué significaba eso? Finalmente, acostándose de nuevo y girándose, volvió a dormirse a duras penas y volvió a soñar. Su segunda pesadilla repetía el mismo impactante patrón que el primero, salvo que en lugar de vacas, siete espigas menudas y abatidas se comían a siete gruesas y llenas.

Al día siguiente, el Faraón estaba muy preocupado. Incluso se angustió más cuando vio que ninguno de sus magos o sabios eran capaces de decirle lo que significaba el sueño. La alarmante situación bastó para despertar la corta memoria del copero y que se acordase de José, que había interpretado su sueño. El Faraón no perdió tiempo en ordenar la liberación de José. Le pusieron ropas nuevas, le dieron un rápido afeitado y le apresuraron ante la presencia del Faraón.

Y dijo Faraón a José: Yo he tenido un sueño, y no hay quien lo interprete; mas he oído decir de ti, que oyes sueños para interpretarlos. Respondió José a Faraón, diciendo: No está en mí; Dios será el que dé respuesta propicia a Faraón. (Génesis 41.15–16)

Cuando el rey hubo contado su sueño nuevamente, el Señor reveló su interpretación a través de José. Ambos sueños reflejaban la misma realidad futura: habría siete años de abundancia seguidos de siete años de hambruna. Si los egipcios querían estar listos para la futura catástrofe, tendrían que comenzar a almacenar recursos inmediatamente. Además, se necesitaría un hombre con capacidades administrativas y experiencia en la gestión de equipos para organizar la recolecta y el esfuerzo de almacenaje.

Claramente, Dios había orquestado las experiencias y pruebas del pasado de José para ese momento. Si sus hermanos no le hubieran vendido como esclavo, no habría llegado a Egipto. Si Potifar no le hubiera comprado en el mercado de esclavos, no habría adquirido la experiencia necesaria para dirigir al pueblo y las mercancías en un contexto egipcio. Si no le hubieran acusado falsamente y arrojado en prisión, no habría interpretado el sueño del copero, y si eso no hubiera ocurrido, el Faraón no le habría mandado llamar ese día señalado por Dios. Sus responsabilidades en la casa de Potifar y en la prisión le habían preparado para su nueva función en la casa de Faraón. El Señor había supervisado todos esos acontecimientos para llevarle a este momento en el que José estaría preparado para organizar un trabajo alimenticio de proporciones nacionales. Como el rey había reconocido la mano de Dios sobre José, inmediatamente supo que él debía organizar las operaciones de recogida del alimento.

Y dijo Faraón a sus siervos: ¿Acaso hallaremos a otro hombre como éste, en quien esté el espíritu de Dios? Y dijo Faraón a José: Pues que Dios te ha hecho saber todo esto, no hay entendido ni sabio como tú. Tú estarás sobre mi casa, y por tu palabra se gobernará todo mi pueblo; solamente en el trono seré yo mayor que tú. Dijo además Faraón a José: He aquí yo te he puesto sobre toda la tierra de Egipto. (Génesis 41.38–41)

En un día, la suerte de José cambió por completo. Esa mañana, se había despertado en su celda. Por la noche, estaba durmiendo en palacio. Trece años antes, había llegado a Egipto como un esclavo de condición baja pero ahora, a los treinta años de edad, se había convertido en el segundo gobernante más poderoso de la tierra.

No cabe duda de que incluso en este tiempo de exaltación, José aún se preguntaba por su padre y sus hermanos en Canaán. ¿Qué pensarían si pudieran verle ahora? ¿Y qué había de los sueños que Dios le dio cuando estaba aún en su casa? El Señor le había revelado el significado de las visiones de otras personas, pero ¿qué ocurriría con su propio sueño?

UNA REUNIÓN FAMILIAR

Los siguientes siete años fueron de abundancia y pasaron rápidamente. Durante ese tiempo, José estuvo ocupado organizando la recolección y almacenamiento del grano en todas las ciudades de Egipto. Sus esfuerzos tuvieron tanto éxito que resultaba imposible llevar un registro exacto de todas las provisiones. Fue durante ese período cuando José se casó y comenzó una familia. La bondad de Dios con él se reflejó en los nombres de sus dos hijos. Llamó al mayor *Manasés*, que significa *olvidadizo*, porque como él mismo dijo: «Dios me hizo olvidar todo mi trabajo, y toda la casa de mi padre» (Génesis 41.51). A su hijo menor le puso por nombre *Efraín*, que significa *fructífero*. Como José mismo explicó: «Dios me hizo fructificar en la tierra de mi aflicción» (v. 52). A pesar de todo lo que José había soportado, Dios seguía siendo el centro de su pensamiento. El Señor lo capacitó para dejar atrás el dolor de su pasado y disfrutar de bendiciones en el mismo lugar donde había soportado tantas pruebas. Aunque Egipto estaba a punto de experimentar una gran hambruna, José estaba comenzando a disfrutar una gran abundancia.

Cuando terminaron los años buenos y comenzó la hambruna, los diligentes preparativos de José dieron su fruto. Los egipcios no solo se libraron de una muerte masiva, sino que multitudes de personas que sufrían hambre en las naciones adyacentes llegaban a Egipto a comprar comida. La anticipación de José y una cuidadosa planificación salvó las vidas de millones de personas en todo el mundo del Oriente Medio. También hizo aumentar significativamente la riqueza del Faraón (Génesis 47.14–24).

Significativo es el hecho de que entre los afectados por la hambruna estaban los miembros de la familia de José en Canaán. Como todo el mundo, finalmente se quedaron sin comida y se vieron forzados a ir a Egipto a comprar grano. Jacob les dijo a sus hijos en Génesis 42.2: «He aquí, yo he oído que hay víveres en Egipto; descended allá, y comprad de allí para nosotros, para que podamos vivir, y no muramos». Veinte años después de haber vendido a su hermano en la esclavitud, los diez hermanos mayores de José emprendieron el mismo viaje a Egipto que había hecho José hacía mucho tiempo.

Dios permitió que José padeciera mucho, para que a través de su esfuerzo, la familia de Israel pudiera salvarse de la hambruna y llegar a un lugar donde podrían crecer hasta convertirse en una gran nación. Todo era parte del cumplimiento de la promesa que el Señor le había hecho a Abraham tres generaciones atrás (véase Génesis 15.13–14). En un irónico cambio de la providencia divina, los hermanos de José llegaron a Egipto para evitar la muerte, y la persona a la que habían intentado matar dos décadas atrás sería la que les rescataría de su situación.

La primera vez que los hermanos de José comparecieron ante él, no lo reconocieron. Era veinte años mayor, afeitado por completo, vestido como un egipcio y en una posición de gran autoridad. Pensarían que, en caso de que aún siguiera con vida, sería esclavo en algún lugar. Además, les habló a través de un traductor. Por otro lado, José sí los reconoció. Cuando se postraron ante él, lejanos recuerdos inundaron su mente al recordar los sueños de su juventud (Génesis 42.6–9). Pero en vez de revelarles inmediatamente su identidad, José decidió probar primero a sus hermanos, para ver si sus corazones habían cambiado.

Mediante varias interacciones, durante un largo período, José creó una trama para poder observar su verdadero carácter. Durante la primera reunión les dijo que no regresaran a Egipto a menos que llevasen con ellos a su hermano menor, Benjamín. Muchos meses después, regresaron de mala gana con Benjamín. En su segunda reunión, José puso en secreto una copa de plata en la bolsa de Benjamín, para que cuando se descubriera en el regreso de sus hermanos a Canaán, Benjamín fuera arrestado por robo. Como castigo, se convertiría en esclavo en Egipto mientras que a los demás hermanos se les permitiría irse libremente.

José observaba para descubrir cuál sería la respuesta de sus hermanos. ¿Abandonarían a Benjamín como esclavo, como habían hecho con él? ¿Pensarían solo en salvarse a sí mismos y después inventarían una historia para explicarle a su padre por qué Benjamín no había regresado a casa con ellos? ¿O intentarían salvar a su hermano menor, exponiéndose ellos mismos a la prisión para protegerle?

No cabe duda de que el corazón de José se llenó cuando todos sus hermanos regresaron con Benjamín, con sus túnicas rasgadas de angustia, y sus voces rogando por su liberación. Probablemente se quedó sorprendido, y agradado, cuando Judá, el hermano que había sugerido vender a José como esclavo, se ofreció a sí mismo como sustituto por la vida de Benjamín. Con incesante ruego, Judá le dijo a José: «Te ruego, por tanto, que quede ahora tu siervo en lugar del joven por siervo de mi señor, y que el joven vaya con sus hermanos» (Génesis 44.33). Claramente, esos hombres no eran los mismos que habían traicionado a José tantos años atrás.

Cuando observó la desinteresada lealtad de sus hermanos hacia Benjamín, José no pudo contenerse más. Tras despedir a sus sirvientes, comenzó a llorar tan alto que los egipcios le escuchaban llorar desde las otras habitaciones de la casa. Con lágrimas en los ojos, reveló su identidad a sus hermanos: «Soy José».

Emociones mezcladas de un inmenso alivio y total pavor a la vez corrían por sus venas. El hermano al que habían vendido como esclavo, ¡ahora era gobernador de Egipto! El relato de Génesis expresa su profundo asombro y ansiedad con estas palabras: «Y sus hermanos no pudieron responderle, porque estaban turbados delante de él» (Génesis 45.3).

Pero José no estaba interesado en buscar venganza. Había visto la mano providencial del Señor en sus anteriores acciones. Entendió que Dios le había usado para preservar a su familia y para hacerles llegar a Egipto. Todo era conforme a la voluntad del Señor. Observe la teología centrada en Dios que sostenía el pensamiento de José. En Génesis 45.4–8, consoló a sus hermanos con estas palabras:

Yo soy José vuestro hermano, el que vendisteis para Egipto. Ahora, pues, no os entristezcáis, ni os pese de haberme vendido acá; porque para preservación de vida me envió Dios delante de vosotros. Pues ya ha habido dos años de hambre en medio de la tierra, y aún quedan cinco años en los cuales ni habrá arada ni siega. Y Dios me envió delante de vosotros, para preservaros posteridad sobre la tierra, y para daros vida por medio de gran liberación. Así, pues, no me enviasteis acá vosotros, sino Dios, que me ha puesto por padre de Faraón y por señor de toda su casa, y por gobernador en toda la tierra de Egipto.

José enfatizó tres veces que la mano de Dios estuvo en todo el proceso. No estaba excusando a sus hermanos por su pecado, sino que enfatizó el hecho de que, en sus propósitos soberanos, el Señor incluso usa las malas acciones de personas malas para lograr los fines que Él desea. Dado que Dios envió a José a Egipto, Israel y sus hijos se libraron de una hambruna que podría haber acabado con la familia entera.

Cuando Jacob escuchó la noticia de que su hijo José aún estaba vivo, se quedó tan aturdido que incluso su corazón se detuvo momentáneamente (Génesis 45.26). Ya tenía ciento treinta años de vida, pero se preparó rápidamente para un viaje a Egipto para ver a su hijo predilecto. Mientras viajaba, Dios se le apareció en una visión y le reiteró el hecho de que todo eso era parte de su diseño para cumplir su pacto con Abraham. El Señor le dijo a Jacob: «Yo soy Dios, el Dios de tu padre; no temas de descender a Egipto, porque allí yo haré de ti una gran nación» (Génesis 46.3; cp. 12.1–3).

El Faraón recibió gustosamente al padre y los hermanos de José y les ofreció la mejor tierra de Egipto: una región llamada Gosén. Allí, podrían criar a sus familiares, cuidar su ganado y prosperar. La familia de Jacob, en total unas setenta personas, se mudaron a Egipto después de dos años de hambruna (Génesis 45.6). Jacob vivió otros diecisiete años en Egipto, y murió a la edad de ciento cuarenta y siete. Unos 450 años después se convertirían en una nación de dos millones, listos para recibir su promesa de nuevo en la tierra de Canaán.

LA REITERACIÓN DEL PERDÓN

José tenía cincuenta y seis años cuando murió su padre, y cuando sus hermanos se postraron ante él una vez más, temerosos de que con la muerte de Jacob José pudiera finalmente ejecutar venganza contra ellos. Como explica Génesis 50.15: «Viendo los hermanos de José que su padre era muerto, dijeron: Quizá nos aborrecerá José, y nos dará el pago de todo el mal que le hicimos». Su odio hacia José había sido real, pero el odio de José hacia sus hermanos existía solo en la imaginación de ellos.

Como vimos al comienzo de este capítulo, José no estaba interesado en vengarse. Su confianza en el poder providencial de Dios pesaba más que cualquier sentimiento de animosidad personal hacia sus hermanos. Reconoció que todo lo que le había ocurrido era parte del perfecto plan de Dios. Por tanto, les pudo decir a sus hermanos: «Vosotros pensasteis mal contra mí, mas Dios lo encaminó a bien, para hacer lo que vemos hoy, para mantener en vida a mucho pueblo» (Génesis 50.20).

Hablar de la providencia soberana de Dios no era una excusa de José para ser perezoso ni era un cliché barato; era verdaderamente el tema de su vida. Sus hermanos lo habían traicionado, lo habían vendido como esclavo, la esposa de su amo lo había acusado falsamente, lo habían encarcelado injustamente y se habían olvidado de él en prisión. Sin embargo, a través de todo eso el Señor bendijo a José; y él aprendió a confiar en el poder providencial de Dios (cp. Hechos 7.9–14). Llegó a entender que Dios tenía un propósito con su sufrimiento y que, a través de ello, el Señor salvaría a los israelitas y les llevaría a Egipto. Finalmente, regresarían a la tierra que Dios les había prometido. Por la fe, José incluso afirmó esa realidad (cp. Hebreos 11.22).

Por la manera en que José respondió a sus hermanos y en que se sometió a la voluntad de Dios, los eruditos bíblicos a veces le han comparado con el Señor Jesucristo mismo. Sin exagerar el caso, hay algunos paralelismos interesantes entre las vidas de José y de Jesús. Por ejemplo, el padre de José lo amaba mucho y era pastor de las ovejas de su padre. Sus hermanos lo odiaron, lo despojaron de su túnica, lo vendieron por el precio de un esclavo, lo llevaron a Egipto, fue tentado, falsamente acusado, encadenado y condenado con criminales. Sin embargo, después de sufrir fue sumamente exaltado. Tenía treinta años cuando comenzó su servicio público; lloró por sus hermanos, perdonó a los que le habían maltratado y finalmente los salvó de una muerte segura. Más aun, lo que los hombres hicieron buscando su mal, Dios lo cambió para bien. Todas esas cosas, si bien es cierto que en un sentido más profundo y eternamente significativo, ocurrieron también con Jesús. Aunque el Nuevo Testamento nunca identifica específicamente a José como un tipo de Cristo, hay ciertos aspectos de la vida de José que parecen anticipar la llegada de Jesús.

PRACTICAR UNA FE COMO LA DE JOSÉ

Aunque las circunstancias de José fueron exclusivas para él, todos los cristianos debiéramos emular su perspectiva. El Dios que supervisó los sucesos de Génesis 37—50 sigue sentado en el trono del universo. Él era soberano en las circunstancias de la vida de José y también lo es en nuestras circunstancias. Puede que no siempre entendamos lo que ocurre a nuestro alrededor, pero como José, podemos confiar tranquilos en que el Señor tiene todo perfectamente bajo control.

A lo largo de las Escrituras, el tema de la soberanía de Dios se presenta repetidamente como un consuelo para los creyentes. No debemos afanarnos por nada, porque nuestro Padre celestial reina sobre todo. Él es todopoderoso, omnisciente y omnipresente, y ha prometido hacer que todo obre para su gloria y para nuestro bien (Romanos 8.28). No tenemos nada que temer porque si Dios es por nosotros, ¿quién contra nosotros? Nadie se puede oponer a su voluntad y nada puede frustrar sus planes (Isaías 14.27).

Piense en algunas de las muchas formas en que Dios ejercita su control soberano:

- Él es soberano en todo (Job 42.2; Salmo 103.19; 115.3; Daniel 4.35; 7.13–14; Efesios 1.11).
- Él es soberano en cuanto a Satanás y los ángeles (Job 1.9–12; Salmo 103.20–21; Marcos 1.27; Hechos 10.38; Apocalipsis 13.7).
- Él es soberano en el mundo natural (Job 37.10–14; Salmo 135.6–7; Mateo 5.45; 6.25–30; Marcos 4.39).
- Él es soberano en la historia: pasado, presente y futuro (Isaías 46.10; Daniel 2.21, 28).
- Él es soberano en cuanto a las naciones (2 Crónicas 20.6; Job 12.23; Salmo 22.28; 33.10–11; 47.7–9; Hechos 17.26).
- Él es soberano en cuanto a los gobernantes humanos (Proverbios 21.1; Esdras 1.1; Isaías 40.23; Daniel 4.34–35; Romanos 9.17).

- Él es soberano en cuanto a la vida de los hombres (1 Samuel 2.6–7; Salmo 139.16; Proverbios 16.9; 19.21; Lamentaciones 3.37; Gálatas 1.15; Santiago 4.15).
- Él es soberano en el mundo animal (1 Reyes 17.4–6; Salmo 104.21–30; Jonás 1.17; 4.6).
- Él es soberano en la aparentemente casualidad y los mínimos detalles (Proverbios 16.33; Jonás 1.7; Mateo 10.29–30).
- Él es soberano en la custodia de sus hijos (Salmo 4.8; 5.12; Romanos 8.28, 38–39).
- Él es soberano en cuanto a las necesidades personales (Mateo 10.29–31; Filipenses 4.19).
- Él es soberano en la calamidad y en las pruebas (Eclesiastés 7.14; Isaías 45.7; Lamentaciones 3.38; Amós 3.6).
- Él es soberano en cuanto a la muerte y la enfermedad (Éxodo 4.11; Deuteronomio 32.39).
- Él es soberano al responder a las oraciones (Mateo 6.8; Filipenses 4.6–7).
- Él es soberano en cuanto a las obras malas de los hombres perversos (Génesis 45.5–8; 50.20).
- Él es soberano al aplicar justicia sobre los malos (Salmo 7.11–12; Proverbios 16.4; Romanos 12.19).

La Escritura es explícita en su descripción acerca del control soberano de Dios sobre todas las cosas. En este capítulo hemos considerado solo una ilustración de su perfecta providencia, incluso al usar las malas acciones de personas pecadoras para lograr su voluntad. El ejemplo de José nos recuerda que «nuestro Dios está en los cielos; todo lo que quiso ha hecho» (Salmo 115.3). Eso significa que podemos confiar en Él y descansar totalmente en la realidad de que está en su trono. Aceptar ese tipo de perspectiva no eliminará nuestras pruebas, pero nos permitirá encontrar gozo y paz en medio de ellas (Santiago 1.3–5). Así, incluso cuando otros nos hagan daño o la vida se nos haga difícil o injusta, podemos declarar triunfantemente con José: «Vosotros pensasteis mal contra mí, mas Dios lo encaminó a bien».

3

MIRIAM: LA PROTAGONISTA DEL ÉXODO

―――🙟―――

Porque yo te hice subir de la tierra de Egipto, y de la casa de
servidumbre te redimí; y envié delante de ti a Moisés, a Aarón y
a María.

—MIQUEAS 6.4

S EGÚN LOS DATOS DEL CENSO, EL NOMBRE DE MUJER
más común en Estados Unidos ha sido históricamente
Mary. De hecho, variantes de *Mary* (o María) compren-
den el nombre de mujer más popular en el mundo occidental.
Esto se debe, claro está, al legado espiritual de la madre de
Jesús, María. Debido a la destacada manera en que Dios la usó,
se ha puesto a otras mujeres este nombre más que ningún otro.

Pero, ¿alguna vez se ha preguntado por qué se le puso a
ella María? Aquí tiene una pista: la forma griega de su nombre es en realidad *Mariam*. Como muchas mujeres a lo largo
de la historia judía, María fue un nombre usado en memoria de una de las heroínas más fascinantes e inconcebibles del
Antiguo Testamento. Su homónimo fue nada más ni menos
que Miriam la hermana de Moisés, una mujer a la que Dios
usó de una forma única y destacada.

Casi todo el mundo ha oído la historia del éxodo de Israel de Egipto: cuando Dios liberó milagrosamente a su pueblo de la esclavitud. Todos hemos oído acerca de Moisés, e incluso de su hermano Aarón; y estamos familiarizados con sus respectivos papeles en esa gran liberación. Pero, ¿cuánto sabe usted acerca de su hermana mayor Miriam? La Biblia la retrata como la protagonista del éxodo. Por tanto, ¿cuál fue su participación en el evento redentor más importante de la historia del Antiguo Testamento?

MONTAJE DEL ESCENARIO

Trescientos cincuenta años es mucho tiempo, se mida como se mida. Cuando llegamos a los primeros capítulos de Éxodo, ese es el período que los israelitas han estado viviendo en la tierra de Egipto.

El libro de Génesis termina con un relato de los últimos días de Jacob y José. Como vimos en el capítulo anterior, Dios había exaltado a José hasta una posición de gran prominencia, por lo que la familia de José fue bien recibida y obtuvo favor con el Faraón. Incluso cuando José murió, el pueblo hebreo floreció y se multiplicó en gran manera, pasando de una familia de setenta a una pequeña nación que alcanzaba los cientos de miles.

Pero cuando comienza la narrativa del Éxodo, la situación ha cambiado drásticamente. En los siglos sucesivos a la muerte de José, «se levantó sobre Egipto un nuevo rey que no conocía a José» (Éxodo 1.8). Ya fuera por verdadera ignorancia o por un desprecio manifiesto, este nuevo monarca no tuvo en cuenta la contribución que José había hecho generaciones atrás. Su única preocupación, con respecto a los israelitas, era que su gran número suponía una posible amenaza para su poder. Por tanto, le dijo a su pueblo: «He aquí, el pueblo de los hijos de

Israel es mayor y más fuerte que nosotros. Ahora, pues, seamos sabios para con él, para que no se multiplique, y acontezca que viniendo guerra, él también se una a nuestros enemigos y pelee contra nosotros, y se vaya de la tierra» (Éxodo 1.9–10). El faraón conspiró contra los descendientes de Judá, que de repente se vieron esclavos en Egipto.

Por orden del Faraón, los egipcios asignaron capataces sobre los israelitas, que les afligían con trabajo duro y hacían que sus vidas fueran miserables. Pero si el objetivo era detener el crecimiento de la población hebrea, a los egipcios les salió el tiro por la culata, porque «cuanto más los oprimían, tanto más se multiplicaban y crecían, de manera que los egipcios temían a los hijos de Israel» (Éxodo 1.12).

Con la llegada al poder de otro nuevo Faraón, intentaron encontrar una solución más eficaz para tratar con los israelitas. Convencidos de que en situaciones drásticas se necesitan medidas drásticas, concibieron un plan nuevo y brutal. Su política hacia los bebés varones hebreos fue cruel y severa: «Echad al río a todo hijo que nazca» (Éxodo 1.22).

Pausamos la narrativa en este momento para enfocarnos en una familia de esos esclavos hebreos y una niña llamada Miriam. Esa familia, junto con todo el pueblo de Israel, había estado sufriendo bajo la carga opresiva de la esclavitud durante muchos años. Entonces llegó aquel acto de impresionante crueldad, el decreto imperial que sentenciaba a todos los bebés varones a morir ahogados. Los descendientes de Jacob, desesperados, clamaron a Dios por su liberación. Entre ellos había un hombre llamado Amram, padre de Miriam y de su hermano menor, Aarón. A Amram, la nueva política del Faraón de asesinar a los bebés varones le afectaba de manera personal. Su esposa, Jocabed, estaba embarazada de su tercer hijo. Si el bebé era varón, debía morir el día que naciera.

Ese niño resultó ser varón y lo llamaron Moisés.

BIENVENIDA AL BEBÉ MOISÉS

La tradición judía indica que, mientras Moisés estaba aún en el vientre, el padre de Miriam le rogó al Señor que rescatara al pueblo judío de la opresión que sufría en Egipto. Según Josefo, el historiador judío del primer siglo, Dios respondió esas oraciones apareciéndose a Amram en un sueño, y prometiéndole que su hijo recién nacido crecería para liberar a los israelitas de su esclavitud. La narrativa bíblica no incluye esos detalles, pero Hebreos 11.23 subraya la fe que caracterizó a Amram y Jocabed: «Por la fe Moisés, cuando nació, fue escondido por sus padres por tres meses, porque le vieron niño hermoso, y no temieron el decreto del rey». Como confiaban en el Señor, los padres de Moisés rehusaron obedecer el despiadado decreto del Faraón. Se las ingeniaron para guardar en secreto el nacimiento de su hijo y decidieron mantenerle escondido todo el tiempo que pudieran.

El autor de Hebreos destaca que Moisés era un niño hermoso, algo que también se menciona en Éxodo 2.2. Pero esa descripción no se refiere tan solo a las características físicas de Moisés. Hechos 7.20 añade que el bebé Moisés «fue agradable a Dios», una frase que nos ayuda a entender la verdadera naturaleza de su buena apariencia. Sus padres entendieron que su hijo era bueno a ojos de Dios, es decir, que tenía un destino divino. Por tanto, confiaron en que Dios lo protegería.

Pasaron tres meses y sus padres sabían que ya no podrían seguir ocultando a Moisés de las autoridades egipcias. Por tanto, en un asombroso acto de fe, confiaron a Moisés al Señor y le pusieron en una cesta en el río Nilo. Refiriéndose a la madre de Moisés, Éxodo 2.3 explica lo que ocurrió: «Pero no pudiendo ocultarle más tiempo, tomó una arquilla de juncos y la calafateó con asfalto y brea, y colocó en ella al niño y lo puso en un carrizal a la orilla del río». Considerablemente, la palabra «*arquilla*» en este versículo (que en algunas versiones se traduce como «*canasta*») es la misma palabra hebrea usada para referirse al arca de Noé en Génesis 6—9. De hecho, es el único lugar en el que aparece en el Antiguo Testamento. Así como Noé se libró al construir el arca y cubrirla de brea, de igual forma el bebé Moisés se libró del edicto del Faraón flotando en una «arquilla» que fue cubierta del mismo modo con resina impermeable. El edicto del Faraón decía que todos los bebés varones hebreos debían ser arrojados al Nilo. Irónicamente, la forma en que colocaron a Moisés en ese río fue el medio de facilitar su supervivencia y también de cumplir el plan de Dios para él.

No cabe duda de que la madre de Moisés escogió un lugar del río Nilo que fuera relativamente seguro para su bebé. El hecho de que lo pusiera entre juncos sugiere que estaba cerca de la orilla, en la sombra, y en un lugar donde esperaba que esa pequeña arquilla no fuera arrastrada por la corriente. Es razonable pensar que la canasta flotante de Moisés fue colocada estratégicamente en un área donde probablemente la verían, quizá cerca de un área de baño de la realeza. Pero, ¿quién encontraría al bebé Moisés y que haría con él? Esos detalles solo Dios podría dirigirlos de manera soberana.

VIGILANCIA JUNTO AL RÍO

Es en este punto del relato de Éxodo donde entra nuestra heroína en la narrativa bíblica. Como niña joven e hija de esclavos, Miriam era sin duda una heroína inconcebible. No obstante, tuvo un papel vital en la existencia de su hermano en ese momento crítico de su vida, cuando tenía solo tres meses de vida. No sabemos con exactitud la edad de Miriam en ese momento, pero Dios la usó de una manera crucial para lograr sus propósitos perfectos para su hermano y, en última instancia, para la nación de Israel. Y este es solo el comienzo de su increíble historia.

Miriam había oído las oraciones de su padre, había visto el afecto de su madre por Moisés, y había sido testigo de la fe de ambos en su desafío protector al edicto del Faraón. Durante los tres meses previos, naturalmente había aumentado su amor por su hermano, y quería ayudar a protegerle de la forma que pudiera. Es probable que incluso ayudara a su madre a construir la canasta impermeable en la que pondrían a Moisés. Y ahora se veía frente a una gran responsabilidad: seguir a su hermanito mientras él flotaba en el río. Llena de trepidación, vigilaba, esperando que ocurriera lo mejor.

Mientras Miriam observaba desde una distancia prudencial, una de las hijas del Faraón, una princesa de Egipto, fue al río a bañarse. «Vio ella la arquilla en el carrizal, y envió una criada suya a que la tomase. Y cuando la abrió, vio al niño; y he aquí que el niño lloraba. Y teniendo compasión de él, dijo: De los niños de los hebreos es éste» (Éxodo 2.5b–6). Aunque inmediatamente le reconoció como un bebé israelita, la princesa decidió salvar su vida. En otro cambio irónico de los hechos, el bebé Moisés fue rescatado por la hija del mismo hombre que había decretado que debía morir.

El relato bíblico no nos da el nombre de la princesa. Algunos eruditos han sugerido que quizá fuera Hatshepsut, que se convertiría después en reina-faraón y en uno de los gobernantes más famosos de Egipto. Pero sea quien fuere, Dios usó a esa princesa para rescatar a Moisés del río, y para hacer posible que fuera formado en todos los aspectos del aprendizaje y la cultura egipcia, una educación que tendría después un valor incalculable para la función que Moisés desempeñaría como libertador de Israel.

Según Josefo, la princesa llamó a varias niñeras egipcias para intentar consolar al bebé Moisés, pero él seguía llorando, así que Miriam se acercó valientemente a la hija del Faraón sin desvelar su identidad y le sugirió que quizá una niñera hebrea podría consolar al bebé. En una acción hábil y valiente preguntó: «¿Quiere que vaya a buscar a una mujer hebrea para que le amamante al bebé?» (Éxodo 2.7). La princesa accedió, y la estrategia de Miriam se completó cuando fue a buscar a su mamá. Cuando llegó Jocabed, la hija del Faraón le dijo: «Lleva a este niño y críamelo, y yo te lo pagaré. Y la mujer tomó al niño y lo crió» (Éxodo 2.9). Nuevamente, la providencia de Dios dio un magnífico resultado. ¡El valor de Miriam resultó en que le pagaran a la mamá de Moisés por criar a su propio hijo! Podía hacerlo en casa y sin ningún temor a las autoridades egipcias.

Es probable que Moisés viviera con su familia de nacimiento hasta que tuvo nueve o diez años y quizá hasta los doce. Durante esos años formativos, aprendería sobre el Dios verdadero y sus antepasados, Abraham, Isaac y Jacob. Se habría identificado con su pueblo, y aprendido que Dios le había llamado para que fuera su libertador. El Señor usó esa primera etapa de formación para moldear el carácter y las convicciones de Moisés, de tal manera que después en su vida, rehusaría «llamarse hijo de la hija de Faraón, escogiendo antes ser maltratado con el pueblo de Dios, que gozar de los deleites temporales del pecado» (Hebreos 11.24–25).

Cuando Moisés creció y se convirtió en un jovencito, lo llevaron con la princesa y ella lo adoptó legalmente (Éxodo 2.10). Después recibió una educación real y «fue enseñado Moisés en toda la sabiduría de los egipcios» (Hechos 7.22). Su educación formal incluiría instrucción en la lectura, escritura, aritmética y quizá uno o varios de los lenguajes de Canaán. También habría participado en varios deportes a la intemperie como el tiro con arco y montar a caballo. En todo eso, Dios estaba preparando a Moisés con las habilidades que usaría para sacar a los israelitas de Egipto.

Al principio de la vida de Moisés, el Señor usó a su hermana mayor, Miriam, de una forma específica, para vigilarle y llevarle sano y salvo de vuelta a casa. Con su disposición a acercarse valientemente a la hija del Faraón, Miriam jugó un papel estratégico en el regreso a casa de su hermanito. Ella fue fortalecida por la fe que había visto en sus padres, la cual ella misma poseía. Además, al ver cómo el Señor rescató a Moisés del río Nilo, Miriam se estaba preparando para el día en que vería a Dios liberar a su pueblo de su esclavitud en Egipto.

EN ESPERA DE LA LIBERACIÓN

Durante esos años, Miriam compartió la vida familiar con su hermanito mientras él crecía y se hacía un joven. Su otro hermano, Aarón, era tres años mayor que Moisés. Juntos, los tres hijos aprendieron sobre Dios y su historia familiar, y también sobre su futuro. A Moisés en particular le recordarían que el Señor tenía planes únicos para su vida. Los tres hijos un día serían usados juntos por Dios en el éxodo de Israel de Egipto.

Cuando llegó el día en que Moisés tuvo que irse al palacio, Miriam sin duda estuvo allí para decirle adiós. Ella había vigilado la canasta de Moisés que flotaba desde lejos cuando él era un bebé; de forma similar, siguió observándole desde la distancia a medida que se hacía adulto, no como hijo de esclavos sino como un príncipe adoptado de Egipto. Mientras le vigilaba y esperaba, seguramente se preguntaría cuándo elevaría Dios a Moisés a la posición de libertador de su pueblo esclavizado en Egipto.

El relato bíblico no nos cuenta mucho sobre lo que hizo Moisés durante sus tiempos como príncipe egipcio. Hechos 7.22 simplemente dice que, además de tener una buena educación, era «poderoso en sus palabras y obras». Pero incluso siendo príncipe, nunca se olvidó de dónde provenía. Según Josefo, Moisés siguió identificándose con el pueblo hebreo hasta el punto de que muchos de los egipcios sospechaban de él, e incluso buscaban oportunidades para matarle.

En una ocasión, después de que Egipto recibiera el ataque de sus vecinos etíopes, el Faraón hizo a Moisés general de su ejército y le envió a luchar contra los invasores. Según cuenta Josefo la historia, el Faraón vio aquí una oportunidad de ganar cualquiera que fuera el resultado. Si Moisés tenía éxito, los etíopes serían expulsados de la tierra, pero si Moisés fallaba, probablemente moriría, y por tanto desaparecería la amenaza que representaba. Una vez más, el plan egipcio no tuvo su efecto deseado. Debido a alguna brillante estrategia del joven general, la campaña militar de Moisés fue un éxito rotundo; tanto que cuando regresó a casa, los nobles egipcios le temían más que antes.

La narrativa bíblica retoma la historia cuando Moisés tenía cuarenta años. Al haberse identificado con su pueblo nativo, Moisés:

> salió a sus hermanos, y los vio en sus duras tareas, y observó a un egipcio que golpeaba a uno de los hebreos, sus hermanos. Entonces miró a todas partes, y viendo que no parecía nadie, mató al egipcio y lo escondió en la arena. Al día siguiente salió y vio a dos hebreos que reñían; entonces dijo al que maltrataba al otro: ¿Por qué golpeas a tu prójimo? Y él respondió: ¿Quién te ha puesto a ti por príncipe y juez sobre nosotros? ¿Piensas matarme como mataste al egipcio? Entonces Moisés tuvo miedo, y dijo: Ciertamente esto ha sido descubierto. (Éxodo 2.11–14)

Hechos 7.25 explica el motivo tras las aparentemente imprudentes acciones de Moisés. Al parecer, ya estaba deseoso de liberar a Israel. «Pero él pensaba que sus hermanos comprendían que Dios les daría libertad por mano suya; mas ellos no lo habían entendido así». Claramente, no era aún el tiempo de Dios, y el acto violento de Moisés al matar al capataz egipcio no se puede pasar por alto. Sin embargo, su celo era evidencia de su profunda identificación con el pueblo de Dios y su rechazo total de todo lo que Egipto le podía ofrecer (cp. Hebreos 11.24–26).

Cuando el Faraón supo lo que Moisés había hecho, intentó matarle. Si los egipcios ya sospechaban de Moisés, ese incidente confirmó claramente sus peores temores. Corriendo para salvar su vida, Moisés huyó a Madián, el lugar donde pasaría las siguientes cuatro décadas de su vida cuidando ovejas y siendo humillado y moldeado por Dios.

Durante todo ese tiempo, Miriam esperaba mientras su hermano ascendía a una posición de prominencia, pero luego huyó desacreditado y como un fugitivo. Josefo nos dice que se casó con Hur, descendiente de Judá, y que juntos formaron una familia. Así como los padres de Miriam y sus dos hermanos habían sido instruidos por sus padres, ahora ella inculcó en sus hijos un deseo y una esperanza de liberación divina.

Moisés tenía cuarenta años cuando salió de Egipto, y pasó otros cuarenta en Madián, lo cual quiere decir que tenía ochenta años cuando finalmente regresó (Éxodo 7.7). Durante ocho largas décadas, Miriam estuvo esperando. Ella siempre había sabido que Moisés era el libertador escogido por Dios; sin embargo, no sabía cuándo comenzaría la liberación. Cuando el Faraón que desterró a Moisés murió (Éxodo 2.23–25), su esperanza debió de haber comenzado a florecer. Seguro que su corazón se aceleró cuando Aarón le dijo que Dios le había dicho que fuera a reunirse con Moisés en el desierto (Éxodo 4.27).

Sin duda alguna, la emoción de Miriam creció cuando sus hermanos confrontaron por primera vez al Faraón y después con cada plaga sucesiva. Quizá se acordaba de ver a Moisés flotando en el Nilo, incluso cuando vio que el agua del poderoso río de Egipto se convertía en sangre (Éxodo 7.20–21). A medida que ranas, moscas, piojos, úlceras, granizo y langostas afligían a los egipcios, Miriam y sus compañeros hebreos, protegidos por Dios en Gosén, debieron llenarse de asombro y de una creciente sensación de que el Señor finalmente había escuchado su súplica (Éxodo 3.7), por lo que su redención de la esclavitud estaba cercana.

Miriam y su familia habrían participado en la primera Pascua (Éxodo 12.1–28). Habrían matado un cordero y pintado los dinteles de su casa con la sangre tal como Moisés les indicó. Y habrían comido la carne y se habrían preparado para salir de Egipto apresuradamente. Habrían sido preservados del juicio de Dios cuando pasó el ángel de la muerte para matar a todo primogénito de Egipto.

Es difícil imaginase el júbilo que tendrían los hebreos al despertarse pronto la mañana siguiente con la noticia de que era el momento de irse. Habían estado en Egipto un total de 430 años (Éxodo 12.41), y finalmente el Señor les estaba sacando de allí. Aunque el Faraón había desestimado continuamente las peticiones de Moisés y Aarón, incluso viendo las milagrosas plagas que Dios les había mandado, finalmente accedió e insistió en que los israelitas se fueran. Después de muchos años de espera, como cumplimiento de las promesas divinas de años de antigüedad, Miriam y su pueblo al fin iban a ser liberados.

ADORACIÓN EN LA ORILLA

No es de extrañar, dado su historial, que el Faraón cambiara de opinión pocos días después de que los israelitas comenzaran su viaje fuera de Egipto. Según Éxodo 14.5, «el corazón de

Faraón y de sus siervos se volvió contra el pueblo, y dijeron: ¿Cómo hemos hecho esto de haber dejado ir a Israel, para que no nos sirva?» El rey duro de corazón juntó a su ejército y comenzó la persecución de sus antiguos esclavos. El gran grupo de hebreos, compuesto por más de seiscientos mil hombres más las mujeres y los niños (Éxodo 12.37), se movía lenta pero metódicamente, siguiendo la dirección del Señor que les guiaba con una columna de nube de día y una columna de fuego de noche (Éxodo 13.21). Pero el ejército egipcio pronto les alcanzó. Josefo dice que, además de los seiscientos carros escogidos (Éxodo 14.7), el ejército del Faraón estaba compuesto por cincuenta mil jinetes y doscientos mil soldados de a pie. Con el mar Rojo a sus espaldas, el pueblo de Israel comenzó a tener pánico. Habiéndose olvidado rápidamente de los milagros que habían vivido y la asombrosa liberación de Egipto, comenzaron a quejarse contra Moisés por haberles sacado de allí, diciendo: «¿No había sepulcros en Egipto, que nos has sacado para que muramos en el desierto?... Porque mejor nos fuera servir a los egipcios, que morir nosotros en el desierto» (Éxodo 14.11–12).

Desde una perspectiva humana la situación ciertamente parecía nefasta. Los israelitas, desarmados y sin entrenamiento, no estaban preparados para ninguna batalla. Contra ellos llegaba uno de los ejércitos más avanzados y eficaces del mundo antiguo: cientos de carros, miles de caballos y cientos de miles de soldados de a pie. Y ellos estaban totalmente atrapados contra el mar Rojo sin ninguna posibilidad de huir. La situación era desesperanzadora, por lo que el pueblo reaccionó con histérica desesperación.

Pero Moisés tenía más conocimiento. En medio de circunstancias imposibles, confió en la promesa de el que siempre hace su voluntad. Su respuesta al pueblo estaba llena de fe en el Señor: «No temáis; estad firmes, y ved la salvación que Jehová hará hoy con vosotros; porque los egipcios que hoy habéis visto, nunca más para siempre los veréis. Jehová peleará por vosotros, y vosotros estaréis tranquilos» (Éxodo 14.13–14).

Lo que ocurrió después se ha convertido en uno de los mayores clásicos de escuela dominical de todos los tiempos. Pero no debemos permitir que nuestra familiarización con la historia nos aleje de la destacada naturaleza de lo que ocurrió. Dios movió la columna de nube entre el campamento hebreo y el campamento egipcio, manteniendo al ejército perseguidor en oscuridad mientras que proveía una vía de escape sobrenatural para su pueblo. Entonces, cuando Moisés extendió su mano hacia el mar, el Señor envió un viento fuerte que separó las aguas para proporcionar un camino de tierra seca por en medio para que cruzasen los israelitas.

La apertura del mar Rojo es probablemente uno de los milagros más conocidos de la Biblia, y de alguna forma, esta familiaridad podría nublar la realidad del masivo poder y orden del evento divino. Eso no es un cataclismo como esos que producen las computadoras en una película fantástica. ¡Eso ocurrió! Y ya sabemos que Dios trabaja muy bien con todas las formas de H_2O; tan solo piense en la Creación (Génesis 1.1–7) y en el diluvio (Génesis 6—9).

Lo que sucedió es absolutamente asombroso: ¡que un océano de agua se separara en dos y apareciera un camino seco en medio! Vastos muros de agua, cientos de metros de altura en cada lado y millas de una orilla a otra, flanquearon la vía de escape para los israelitas mientras huían libres de lodo hacia su seguridad en la lejana orilla. Como eso es fácil para Dios, la descripción bíblica de ese evento asombroso es sorprendentemente natural. Éxodo 14.21–22 simplemente dice: «Hizo Jehová que el mar se retirase por recio viento oriental toda aquella noche; y volvió el mar en seco, y las aguas quedaron divididas. Entonces los hijos de Israel entraron por en medio del mar, en seco, teniendo las aguas como muro a su derecha y a su izquierda». De la forma más inesperada e impredecible, el Señor había convertido el terror del pueblo en triunfo.

Cuando el pueblo hebreo estaba a punto de llegar al otro lado, el Señor levantó la nube y los egipcios se dieron cuenta de que se les escapaban. Aparentemente, las recientes plagas milagrosas que mataron a tantos enemigos de Israel en Egipto no resultaron ser educativas para los líderes o las tropas, porque inmediatamente comenzaron la persecución, dando como resultado lo que sería una de las decisiones militares más desastrosas que se hayan tomado jamás. Cuando los egipcios se adentraron en el mar, Dios hizo que se sintieran confusos y que sus carros navegaran con dificultad. Los perseguidores, dándose cuenta de que habían cometido un error mortal, comenzaron a temer: «Huyamos de delante de Israel, porque Jehová pelea por ellos contra los egipcios» (Éxodo 14.25). ¡Pero ya era un mal momento para pensar con claridad! Como si haber sido atrapados en el valle entre montañas de agua y en un caos total no fuera suficiente, su escapada se vio aun más obstaculizada con la llegada de una gran tormenta repentina (Salmo 77.17–19).

A esas alturas, los israelitas habían llegado sanos y salvos a la otra orilla. En ese momento, Dios ordenó a Moisés nuevamente que extendiera su mano hacia el mar. Al hacerlo, los muros de agua se vinieron abajo con una violencia que no se había visto nunca en mar alguno. En un holocausto catastrófico, las aguas regresaron a su nivel normal para enterrar al poderoso y masivo ejército de Egipto como ratas ahogadas. «Y volvieron las aguas, y cubrieron los carros y la caballería, y todo el ejército de Faraón que había entrado tras ellos en el mar; no quedó de ellos ni uno» (Éxodo 14.28).

El Señor había rescatado a su pueblo, y cuando se encontraban en la otra orilla, viendo la destrucción de sus enemigos siendo aplastados y ahogados, los antiguos esclavos se quedaron anonadados. Éxodo 14.31 dice que temieron al Señor y creyeron en Él. En base a lo que acababa de ocurrir, cualquier otra respuesta habría sido apropiada. Moisés les había dicho anteriormente que el Señor lucharía por ellos mientras lo verían en silencio (Éxodo 14.14). Allí estaban de pie, sanos y secos, sin habla y llenos de asombro, testigos del poder sobrenatural de su Dios.

Cuando pudieron recuperarse del impacto silencioso, todos estallaron de júbilo con un hermoso himno de alabanza. Ese himno, llamado el cántico de Moisés (Éxodo 15.1–18), ensalza el poder, la gloria y la supremacía de Dios. Las palabras declaran que no hay nadie como el Dios de Israel. Así que cantaron: «¿Quién como tú, oh Jehová, entre los dioses? ¿Quién como tú, magnífico en santidad, terrible en maravillosas hazañas, hacedor de prodigios?» (v. 11). La última línea de su himno resumía el corazón de su adoración: «Jehová reinará eternamente y para siempre» (v. 18).

¡En medio de esa asombrosa alabanza de júbilo es cuando aparece de nuevo Miriam! Ella, por supuesto, había estado allí todo el tiempo. Había visto la columna de nube cada día y la columna de fuego cada noche. Había visto al ejército egipcio acercándose a lo lejos y sintió la ansiedad y el pánico de su pueblo. También había oído las palabras de confianza de su hermano en las promesas y el poder de Dios, y había caminado con el resto asombrada a través del mar. Hebreos 11.29 dice: «Por la fe pasaron el mar Rojo como por tierra seca». Tuvieron que confiar en Dios en que las montañas de agua de mar no se desplomarían sobre ellos. Eso fue pura fe porque nadie había experimentado jamás un fenómeno semejante. Miriam vivió toda su existencia con la confiada expectativa de que Dios liberaría a Israel, usando a su hermano Moisés. Una vez tras otra había visto el asombroso poder de Dios en acción, pero aquello no tenía equivalente alguno. Los israelitas habían sido testigos del poder y la fidelidad el Señor, pero nunca de una forma tan increíble.

Como respuesta al himno de Moisés, Miriam dirigió a las mujeres de Israel en un gozoso estribillo de alabanza. Éxodo 15.20–21 resume su gozosa respuesta con estas palabras: «Y María la profetisa, hermana de Aarón [y de Moisés], tomó un pandero en su mano, y todas las mujeres salieron en pos de ella con panderos y danzas. Y María les respondía: Cantad a Jehová, porque en extremo se ha engrandecido; ha echado en el mar al caballo y al jinete».

Estos breves comentarios nos dan varios detalles fascinantes acerca del tipo de mujer en el que se había convertido Miriam. En primer lugar, se le llama *profetisa*: alguien a quien Dios revelaba mensajes para la gente (cp. Números 12.2). Es la primera mujer en la Biblia en recibir ese privilegio poco común. En todo el Antiguo Testamento, solo otras tres mujeres se describen de esta forma: Débora (Jueces 4.4), Hulda (2 Reyes 22.14) y la esposa de Isaías (Isaías 8.3). En segundo lugar, su mención en Éxodo 15 por encima de cualquier otra persona, hombre o mujer, nos sugiere que tuvo un papel estratégico (junto con sus hermanos Aarón y Moisés) en los eventos del éxodo. El Señor mismo, hablando a través del profeta Miqueas, observó su prominencia cuando le dijo a Israel: «Porque yo te hice subir de la tierra de Egipto, y de la casa de servidumbre te redimí; y envié delante de ti a Moisés, a Aarón y a María» (Miqueas 6.4). En Éxodo 15, vemos su liderazgo en acción en particular con las mujeres de Israel, ya que estas la seguían.

En tercer lugar, y quizá lo más importante, estos versículos nos dan un destello del alma de Miriam, como alguien que adoraba al Señor con una sincera emoción. Como el cántico de Moisés que le precedió, el de Miriam se centró en el poder y la gloria de Dios. Adoraba no solo con palabras y melodía, sino también con instrumentos y danza, y dirigió a otras para que se unieran a ella en acción de gracias, sentando un precedente para generaciones posteriores de mujeres israelitas (cp. 1 Samuel 18.6). Ochenta años antes, Miriam había visto al Señor liberar providencialmente a Moisés de las aguas del río Nilo llevándole bajo el cuidado de la familia del Faraón. En ese día, de nuevo experimentó la mano de liberación de Dios, cuando rescató a su pueblo de las aguas del mar Rojo y de las manos del ejército del Faraón. En ambos casos, el agua auguraba la muerte, y en ambos casos, Dios demostró su incomparable poder y su inagotable fidelidad hacia su pueblo y su promesa.

DEBILIDAD EN EL DESIERTO

Con épicas visiones de la experiencia del mar Rojo grabadas en sus mentes, los israelitas viajaron por el desierto hacia el monte Sinaí. Si el poder de Dios es asombroso, ¡también lo es la debilidad de la gente! Incluso con el recuerdo fresco del gran poder de Dios, el pueblo enseguida comenzó a quejarse. Cuando llegaron a Mara, se quejaron porque las únicas aguas que encontraron eran amargas y de sabor desagradable. Dios misericordiosamente transformó las aguas para que se pudieran beber (Éxodo 15.25). En el desierto de Sin el pueblo se quejó porque no tenían comida; como respuesta, el Señor proveyó el maná y las codornices (Éxodo 16.4, 13). En Refidim cuando de nuevo faltaba el agua, los olvidadizos e incrédulos israelitas se enojaron. Nuevamente, a pesar de su incredulidad, el Señor proveyó. Le dijo a Moisés que golpeara una roca con su vara y salió agua para que el pueblo pudiera beber (Éxodo 17.6).

A pesar de su queja, Dios siguió preservando y protegiendo a su pueblo. Cuando les atacaron los amalecitas, Dios le dio a Israel la victoria de una manera extraordinaria. Mientras Josué dirigía las tropas de Israel en la batalla, Moisés estaba de pie en lo alto de un monte con Aarón y Hur. «Y sucedía que cuando alzaba Moisés su mano, Israel prevalecía; mas cuando él bajaba su mano, prevalecía Amalec. Y las manos de Moisés se cansaban; por lo que tomaron una piedra, y la pusieron debajo de él, y se sentó sobre ella; y Aarón y Hur sostenían sus manos, el uno de un lado y el otro de otro; así hubo en sus manos firmeza hasta que se puso el sol» (Éxodo 17.11–12). Ya hemos destacado que, según Josefo, Hur era el marido de Miriam. Eso quiere decir que quienes sostenían las manos de Moisés eran su hermano Aarón por un lado y su cuñado Hur por el otro.

Todo eso ocurrió en los primeros dos meses de su viaje tras salir de Egipto, antes de que los israelitas llegaran al monte Sinaí el primer día del mes tercero (Éxodo 19.1). El resto del libro de Éxodo detalla su estancia en Sinaí, donde Dios les dio su ley, incluyendo los Diez Mandamientos, y las instrucciones para la construcción del tabernáculo. De especial mención, con respecto a Miriam, es que Dios seleccionó a un hombre llamado Bezaleel como artesano para el tabernáculo. Éxodo 35.30 explica que este hombre era el nieto de Hur; por tanto, Miriam era la abuela de Bezaleel. Según la tradición rabínica, el Señor bendijo a Miriam con tan ilustre descendiente porque ella había sido fiel en obedecer a Dios, y no al Faraón, en Egipto.

Los israelitas acamparon en Sinaí once meses antes de reemprender su viaje (Números 10.11). Al poco de irse, el pueblo comenzó a gruñir y a quejarse, igual que hicieron antes de llegar a Sinaí. Como respuesta a su murmuración, el Señor les juzgó con fuego y plaga (Números 11.1, 33). Incluso antes de dejar Sinaí, los israelitas se impacientaron con Moisés y construyeron el infame becerro de oro en su ausencia (Éxodo 32). El resultado fue que se encendió la ira del Señor contra su idolatría y miles de ellos murieron.

Como miembros de la familia de Moisés, Miriam y Aarón estaban constantemente expuestos a las quejas de la gente. (En

Éxodo 32.22–23, Aarón incluso culpó a la muchedumbre de presionarle a hacer el becerro de oro.) Evidentemente, esas voces de protesta comenzaron a tener un efecto venenoso en su pensamiento. Aunque habían sido testigos del repetido juicio de Dios contra los que murmuraron, los hermanos de Moisés se unieron de improviso a la disensión y fueron desleales a su hermano. En Números 12, la historia de Miriam pierde su belleza.

Aparentemente resentidos con su hermano menor, Miriam y Aarón lo criticaron por haberse casado con una mujer no judía (v. 1). Pero esa no era la verdadera razón de su protesta. En el versículo 2, sus ácidas preguntas revelaban su verdadero motivo: celos: «¿Solamente por Moisés ha hablado Jehová? ¿No ha hablado también por nosotros?» Por estar muertos de envidia, desafiaron francamente la autoridad de Moisés.

Ese tipo de deslealtad se podría haber esperado de las multitudes, pero el hecho de que tuviera acceso a la mente de Aarón y de Miriam especialmente, hacía que fuera en verdad tóxica. La respuesta del Señor llegó con prontitud. Tras convocar a Moisés, Aarón y Miriam a la tienda de reunión, el Señor les dijo: «Oíd ahora mis palabras. Cuando haya entre vosotros profeta de Jehová, le apareceré en visión, en sueños hablaré con él. No así a mi siervo Moisés, que es fiel en toda mi casa.

Cara a cara hablaré con él, y claramente, y no por figuras; y verá la apariencia de Jehová. ¿Por qué, pues, no tuvisteis temor de hablar contra mi siervo Moisés?» (Números 12.6–8). Si había habido alguna duda sobre la posición de Moisés como el portavoz y líder que Dios había nombrado, se desvaneció en ese instante.

Cuando el Señor se fue de la tienda, «María estaba leprosa como la nieve; y miró Aarón a María, y he aquí que estaba leprosa» (v. 10). Impactados y consternados, Aarón reconoció el pecado de ambos y le rogó a Moisés que intercediera por su hermana. Lo que ocurrió es que Miriam también respondió con arrepentimiento y pesar. Es probable que fuese ella la instigadora del ataque contra Moisés, razón por la cual solo ella sufrió la lepra. En cualquier caso, Moisés intercedió por su hermana y el Señor misericordiosamente la sanó. Pero para cumplir las leyes ceremoniales de limpieza, tuvo que vivir fuera del campamento siete días (v. 15). Durante ese tiempo, los israelitas la esperaron antes de proseguir su viaje, indicando que toda la nación supo lo que había ocurrido.

La historia de Miriam se suspende en el momento de su sanidad y no se dice nada más de ella hasta su muerte. El silencio sugiere que, desde ese momento en adelante, Miriam apoyó de forma sumisa a su hermano Moisés en la función que Dios le había dado. En un momento de debilidad, había desafiado su autoridad. Quizá fue difícil para ella, como hermana mayor que había vigilado su cuna, someterse siempre a su liderazgo, pero sean cuales fueren sus motivos, el Señor dejó claro cuál debía ser su actitud hacia Moisés. La implicación del texto es que ella obedeció.

En el capítulo siguiente, Números 13, los israelitas enviaron hombres a espiar la tierra de Canaán. Cuando diez de los espías regresaron con un informe negativo, el pueblo rehusó confiar en Dios, y como un ejército de hermanos celosos se rebelaron contra Moisés (Números 14.1–10). Obviamente, no habían aprendido de la experiencia de Miriam. Como resultado, el Señor les sentenció a cuarenta años vagando por el desierto. El precio por su deslealtad, contra el Señor y contra su siervo designado, fue muy alto. Esa generación incrédula no podría entrar en la tierra prometida, por la cual habían esperado durante tanto tiempo. Su esperanza moriría con ellos en el desierto. Nunca dejarían los lugares desiertos. La promesa de Dios se cumpliría solo en sus hijos (Números 14.29).

Según la tradición judía, la muerte de Miriam no se produjo hasta el primer mes del año cuarenta de su vagar por el desierto. Números 20.1 nos da este breve relato: «Llegaron los hijos de Israel, toda la congregación, al desierto de Zin, en el mes primero, y acampó el pueblo en Cades; y allí murió María, y allí fue sepultada». Josefo cuenta en su historia que el pueblo celebró su muerte con un funeral público seguido de treinta días de luto.

Los dos hermanos de Miriam morirían ese mismo año. Miriam murió el mes primero, Aarón le seguiría en el mes quinto (Números 33.38) y Moisés en el undécimo (Deuteronomio 1.2; 34.7). Con la muerte de ellos tres, murió la primera generación. La segunda generación de israelitas estaba ahora lista para entrar en la tierra bajo el liderazgo de Josué.

EL LEGADO DE MIRIAM

Aunque no se les permitió entrar en la tierra prometida, estos tres hermanos jugaron un papel fundamental en la liberación de Israel de Egipto: Moisés como el libertador particularmente señalado por Dios; Aarón como el primer sumo sacerdote de Israel; y Miriam como la protagonista del éxodo.

Como joven esclava, había vigilado a su hermanito cuando flotaba en el Nilo. Como esposa y madre, había esperado en Egipto a que llegase la liberación. Como mujer anciana, probablemente de unos noventa años, había visto el poder de Dios en el mar Rojo; y dirigió a las mujeres de Israel en una gozosa celebración como resultado de ello. Dios usó a su esposo Hur para ayudar a asegurar la victoria de Israel sobre los amalecitas, y usó a su nieto Bezaleel para ayudar a construir el tabernáculo. Aunque pecaminosamente desafió la autoridad de Moisés en el desierto, y fue duramente reprendida por ello, vivió las últimas cuatro décadas de su vida apoyando sumisamente la autoridad de Moisés. Y cuando murió, el pueblo de Israel hizo luto por su pérdida durante todo un mes, como lo hicieron con las muertes de Aarón (Números 20.29) y Moisés (Deuteronomio 34.8). No es de extrañar que Dios incluyera su nombre junto con los de sus hermanos en Miqueas 6.4 cuando Él dijo del éxodo: «y envié delante de ti a Moisés, a Aarón y a María».

Quizá como mejor se ve el legado de Miriam es en el hecho de que en generaciones posteriores su nombre se convirtió en uno de los más populares entre las muchachas judías, especialmente durante el tiempo de Cristo. En el Nuevo Testamento hay al menos seis mujeres distintas que llevan la forma griega de su nombre («Mariam» o «María»), que en castellano se traduce como «Mary». Entre ellas están María, la madre de Jesús; María Magdalena; María de Betania, la hermana de Marta y Lázaro; María, la madre de Santiago; María, la madre de Juan Marcos y María de Roma (mencionada en Romanos 16.6).

De esas mujeres del Nuevo Testamento, los comentaristas a veces han trazado paralelismos entre María la madre de Jesús, y Miriam la hermana de Moisés. Debemos tener cuidado de no enfatizar demasiado las similitudes; no obstante, ambas mujeres estuvieron conectadas con grandes libertadores: Miriam con Moisés, el libertador humano más importante del Antiguo Testamento, y María con Jesús, el Mesías mismo. Ambas mujeres cuidaron a esos libertadores cuando, de niños, sus vidas corrían peligro debido a reyes malvados (Éxodo 1.22; Mateo 2.16). Ambas mujeres entonaron cantos de alabanza a Dios como respuesta a su liberación: Miriam en Éxodo 15.20–21 y María en Lucas 1.46–55. Y ambas mujeres fueron usadas por Dios en el desarrollo de su plan de redención. Miriam tuvo el privilegio de cuidar de su hermanito, al que Dios usó para liberar a Israel de Egipto en un sentido físico. Y María tuvo la bendición de dar a luz a un bebé, el cual redimiría al mundo del pecado.

A Miriam se le considera heroína justamente, no por su propia grandeza sino porque puso su fe en el gran poder de

Dios. Después de ochenta años de espera en Egipto, su fe se vio recompensada y su esperanza se materializó. Aunque su vida fue notable en muchos frentes, como hermana de Moisés y Aarón, la profetisa de Israel, la esposa de Hur y la abuela de Bezaleel, sus mayores triunfos llegaron cuando su corazón estuvo centrado en la gloria de Dios. Como ella misma cantó en la orilla del mar Rojo: «Cantad a Jehová, porque en extremo se ha engrandecido». Este estribillo no solo resume todo lo que Miriam experimentó en su vida, incluyendo los eventos del éxodo, sino que también puede permanecer como el tema de toda la historia humana.

4

GEDEÓN Y SANSÓN: HISTORIAS
DE DEBILIDAD Y FORTALEZA

⌒

¿Y qué más digo? Porque el tiempo me faltaría contando de Gedeón,
de Barac, de Sansón... que por fe conquistaron reinos, hicieron justicia,
alcanzaron promesas, taparon bocas de leones, apagaron fuegos
impetuosos, evitaron filo de espada, sacaron fuerzas de debilidad.

—HEBREOS 11.32–34A

PARA NOSOTROS, LA PALABRA *JUEZ* TRAE INMEDIATA-
mente a nuestro cerebro imágenes de los tribunales. Ya
sea la Corte Suprema de Estados Unidos, con sus nueve distinguidas justicias, o cualquiera de las miles de cortes
menores que hay por todo nuestro país; un juez es una parte
integrante principal en un estrado con una jurisdicción muy
definida dentro del sistema legal estadounidense. En nuestros
días, los jueces visten una túnica, empuñan un martillo y pre-
siden un tribunal. El juez instruye a los jurados, escucha los
casos y se asegura de que los defendidos reciban el justo juicio
que la Constitución de nuestra nación les promete.

Pero eso no se parece en nada a los magistrados del libro
bíblico de Jueces. En el Antiguo Testamento, después del

tiempo de Moisés y Josué —pero antes de los reinados de Saúl y David—, los israelitas fueron protegidos, preservados y gobernados por una serie de jueces. El tipo de *juez* era el de un libertador: un defensor de Israel levantado por Dios de entre el pueblo para rescatarles de sus enemigos. Al igual que las justicias modernas, los jueces de la antigua Israel ocasionalmente tomaban decisiones legales que afectaban a grandes masas de gente. Pero eran más parecidos a figuras de acción. En lugar de ser expertos legales, a los jueces de la antigua Israel se les conocía principalmente por su destreza militar, ya que iban armados para dirigir a su pueblo en la batalla. El término hebreo, que se puede traducir como *juez*, también significa *salvador* o *libertador*, y es en este significado último donde el vocablo se aplica a estos héroes inconcebibles en la historia de Israel. Eran tanto guerreros como gobernantes, que buscaban proteger y asegurar la libertad de sus compatriotas bajo las promesas redentoras de Dios. Durante casi trescientos cincuenta años en la historia de Israel, esos salvadores jugaron un papel clave en la interacción de Dios con su pueblo escogido y su protección.

DESDE JOSUÉ HASTA LOS JUECES

El libro de Josué termina con los israelitas, que acaban de entrar en la tierra prometida, prometiendo de todo corazón honrar al Señor. En Josué 24.24, «el pueblo respondió a Josué: A Jehová nuestro Dios serviremos, y a su voz obedeceremos». Años antes, Moisés había enseñado al pueblo que si servían al Señor fielmente serían bendecidos, pero si se rebelaban contra Dios serían severamente castigados.

> Mira, yo he puesto delante de ti hoy la vida y el bien, la muerte y el mal; porque yo te mando hoy que ames a Jehová tu Dios, que andes en sus caminos, y guardes sus

mandamientos, sus estatutos y sus decretos, para que vivas y seas multiplicado, y Jehová tu Dios te bendiga en la tierra a la cual entras para tomar posesión de ella. Mas si tu corazón se apartare y no oyeres, y te dejares extraviar, y te inclinares a dioses ajenos y les sirvieres, yo os protesto hoy que de cierto pereceréis; no prolongaréis vuestros días sobre la tierra adonde vais, pasando el Jordán, para entrar en posesión de ella. (Deuteronomio 30.15–18)

El pueblo en primera instancia puso atención a las palabras de Moisés. Según Jueces 2.7, la generación de Josué sirvió al Señor fielmente, pero poco después de que ellos murieran, surgió otra generación que cometió el máximo agravio contra Dios al adorar ídolos. Su infidelidad espiritual se debió en gran parte al hecho de no haber expulsado totalmente de la tierra prometida a los cananeos idólatras como Dios les había ordenado para su protección espiritual. Los israelitas fueron continuamente tentados por la idolatría y la inmoralidad de sus vecinos paganos que estaban tolerando (cp. Jueces 1.28; 2.1–5).

El libro de los Jueces relata siglos del repetido fracaso espiritual de Israel y la continua gracia de Dios con su pueblo rebelde. El viejo adagio —que la historia siempre se repite—, es especialmente evidente durante esta época del pasado de Israel, donde se repite al menos siete veces un ciclo de rebeldía, castigo y liberación. Una y otra vez, Israel se apartó del Señor, y Él les castigó por permitir que sus enemigos les oprimieran. En su desesperación, los afligidos israelitas clamaban a Dios pidiendo ayuda, y Él con misericordia les levantaba un juez humano para librar a su pueblo (Jueces 2.18). Después seguía un tiempo de paz, hasta que una nueva generación se olvidaba del Señor y el ciclo se repetía.

Durante esos cuatro siglos, Dios señaló al menos catorce jueces, en diferentes momentos y regiones distintas. Ese nombramiento no era de ellos por herencia, voto popular, conquista o selección humana. Tampoco los jueces estaban limitados a una zona específica o período. Eran elecciones aleatorias divinamente a primera vista, pero soberanamente colocadas en la causa escogida por Dios.

Los jueces escogidos por Dios fueron Otoniel, Aod, Samgar, Débora (acompañada de Barac), Gedeón, Tola, Jair, Jefté, Ibzán, Elón, Abdón, Sansón, Elí y Samuel. Al levantar a estos libertadores humanos, el Señor mostró su fidelidad a su pacto con Abraham y su poder para cumplirlo, incluso de la forma más dramática. Su compasión y gracia resplandecieron con mucho brillo contra el oscuro telón de fondo del penoso compromiso humano y sus pecaminosos actos retorcidos. Los versículos finales de Jueces resumen la confusión espiritual que caracterizó a Israel durante ese tiempo: «En estos días no había rey en Israel; cada uno hacía lo que bien le parecía» (Jueces 21.25).

En la historia de Israel, ningún grupo de héroes es más *inconcebible* que los jueces del Antiguo Testamento. La caótica naturaleza de este período, combinado con los individuos únicos (y a veces rudos) a quienes Dios escogió para guiar a su pueblo, produjo escenas que a menudo eran complejas e incluso estrambóticas. En ningún otro lugar se ve más claramente que en la vida de los dos hombres que veremos en este capítulo. Gedeón y Sansón eran hombres con graves defectos, y hubieran sido rechazados por los hombres sabios para cualquier tarea clave de liderazgo. Sin embargo, el Señor los escogió para sostener a su pueblo y cumplir su propósito redentor. Sus debilidades solo sirvieron para subrayar el poder infinito de Dios, el cual triunfó a través de ellos a pesar de sus imperfecciones.

Comencemos viendo la fuerza de Dios mostrada en la vida de un libertador llamado Gedeón.

GEDEÓN: UN HOMBRE DÉBIL FORTALECIDO

El relato de Gedeón comienza en Jueces 6. Desde el principio, se le describe como un hombre cuyo temor era mayor que su fe. Lo mismo ocurría con sus compatriotas. Durante siete años habían vivido en un temor constante de los madianitas y amalecitas colindantes, que repetidamente arrasaban la tierra de Israel, destruyendo sus cosechas y robando su ganado. Cansados de esconderse en cuevas en las montañas, los israelitas finalmente clamaron al Señor pidiendo ayuda.

El líder que carecía de valor

Que el Señor seleccionase a Gedeón como la respuesta para liberar a Israel demuestra que su poder no puede limitarlo ni tan siquiera el instrumento humano más inconcebible. La primera vez que encontramos a Gedeón, está escondiéndose de los madianitas, intentando sacudir el trigo en el lagar a escondidas (Jueces 6.11). El proceso de sacudir el grano para separarlo de la paja normalmente se realizaba al aire libre, en lo alto de una colina, donde la brisa se llevaba la paja. Pero, temeroso de que el enemigo merodeador pudiera detectarlo, Gedeón se escondía al abrigo de un lagar. El lugar no era ni mucho menos ideal para sacudir el trigo, pero al menos no lo descubrirían, o al menos eso imaginaba él.

Mientras Gedeón realizaba su monótona tarea con un temeroso fervor, ocurrió algo impactante: el ángel del Señor se le apareció de repente. La evidencia en el Antiguo Testamento de estas apariciones indica que el ángel apareció en forma humana, y por esa razón no se producía pánico como podría ocurrir si la apariencia fuera de gloria celestial. Gedeón no cayó en un sueño profundo como aquellos que vieron realmente la gloria de Dios (como Isaías, Ezequiel, Juan y Pablo). En vez de eso, mantuvo una conversación.

No cabe duda de que lo que le dejó perplejo fue darse cuenta de que habían descubierto su escondite. Pero Gedeón se sorprendió aun más cuando escuchó que el ángel le dijo: «Jehová está contigo, varón esforzado y valiente» (v. 12). Desde la perspectiva de Gedeón, ambas partes del saludo eran cuestionables. «Si Jehová está con nosotros, ¿por qué nos ha sobrevenido todo esto?», preguntó en el versículo 13. «¿Y dónde están todas sus maravillas, que nuestros padres nos han contado, diciendo: ¿No nos sacó Jehová de Egipto? Y ahora Jehová nos ha desamparado, y nos ha entregado en mano de los madianitas». Movido por la duda, Gedeón negó ser un hombre de valor: «Ah, señor mío, ¿con qué salvaré yo a Israel? He aquí que mi familia es pobre en Manasés, y yo el menor en la casa de mi padre» (v. 15). Claramente, la fe y la fortaleza eran cualidades que Gedeón no poseía.

Sin embargo, al llamarle valiente, el ángel del Señor no se estaba refiriendo a lo mismo que Gedeón, sino a aquello en lo que se convertiría mediante la fortaleza que Dios le proporcionó. Así, le dijo a Gedeón: «Ciertamente yo estaré contigo, y derrotarás a los madianitas como a un solo hombre» (v. 16). Cuando el Señor vino sobre él, este cobarde sin fe lograría actos de valor increíbles para librar a Israel. Gedeón estaba tan poco familiarizado con que eso pudiera proceder de un cobarde que dudaba como él, que le pidió a Dios una señal. El Señor consintió misericordiosamente. Cuando el granjero sin fe le ofreció pan y carne a su visitante celestial, este milagrosamente lo consumió con fuego antes de desaparecer de su vista (v. 21).

Es importante destacar que al ángel del Señor se le identifica en Jueces 6 como el Señor mismo (vv. 14, 16, 23, 25, 27). Por eso Él aceptó de buena gana la ofrenda de adoración de Gedeón (vv. 18–21), algo que un ángel común nunca haría (cp. Apocalipsis 22.8–9). Cuando finalmente Gedeón se dio cuenta de que era el Señor mismo a quien había visto, estaba seguro de que moriría.

> Viendo entonces Gedeón que era el ángel de Jehová, dijo: Ah, Señor Jehová, que he visto al ángel de Jehová cara a cara. Pero Jehová le dijo: Paz a ti; no tengas temor, no morirás. (vv. 22–23)

El peso de la evidencia bíblica indica que el ángel del Señor era el Cristo preencarnado, el segundo miembro de la Trinidad, apareciendo en forma corporal, como lo hacía en algunas ocasiones en la era del Antiguo Testamento (cp. Génesis 16.7–14; 22.11–14; 31.11–13; Éxodo 3.2–5; Números 22.22–35; Josué 5.13–15; 1 Reyes 19.5–7).

Las apariciones del Ángel a lo largo de la historia de Israel, junto con pasajes como Isaías 9.6 y Daniel 7.13, proporcionan una fuerte evidencia en el Antiguo Testamento de la deidad de Jesucristo.

Esa noche, el Señor llegó a Gedeón y le dijo que destruyera un altar a Baal que había cerca de la casa de su padre. El joven obedeció, aunque con gran temor. Según Jueces 6.27: «Entonces Gedeón tomó diez hombres de sus siervos, e hizo como Jehová le dijo. Mas temiendo hacerlo de día, por la familia de su padre y por los hombres de la ciudad, lo hizo de noche». De nuevo, el valor no era una virtud muy conocida para Gedeón. Sin embargo, había demostrado tener la disposición de obedecer al Señor, y eso era progreso en su fe.

LA ESTRATEGIA QUE PARECÍA SUICIDA

Cuando escuchó que los invasores madianitas habían vuelto, Gedeón reunió a los hombres de Israel para luchar. En una destacada muestra de valiente voluntariado, respondieron unos treinta y dos mil guerreros. Pero incluso con una fuerza tan grande bajo su mando, Gedeón dudaba de ser la persona adecuada para dirigir la batalla. De nuevo, su fe flaqueaba, así que demandó otra señal para estar seguro de que Dios estaba con él.

Y Gedeón dijo a Dios: Si has de salvar a Israel por mi mano, como has dicho, he aquí que yo pondré un vellón de lana en la era; y si el rocío estuviere en el vellón solamente, quedando seca toda la otra tierra, entonces entenderé que salvarás a Israel por mi mano, como lo has dicho. Y aconteció así, pues cuando se levantó de mañana, exprimió el vellón y sacó de él el rocío, un tazón lleno de agua. Mas Gedeón dijo a Dios: No se encienda tu ira contra mí, si aún hablare esta vez; solamente probaré ahora otra vez con el vellón. Te ruego que solamente el vellón quede seco, y el rocío sobre la tierra. Y aquella noche lo hizo Dios así; sólo el vellón quedó seco, y en toda la tierra hubo rocío. (Jueces 6.36–40)

Aunque el Señor consintió misericordiosamente a su petición (como lo hizo con una similar de Moisés en Éxodo 33.12), las acciones de Gedeón no se deben ver como un patrón a seguir por los creyentes. Como cristianos, no establecemos la validez de la Palabra de Dios pidiéndole una confirmación milagrosa, sino que vivimos según su voluntad creyéndole y siendo obedientes a su Palabra. El Señor ya le había dicho a Gedeón que tendría la victoria sobre los madianitas. Esa revelación debió haber sido suficiente. Al pedirle al Señor que no se enojara con él por su petición, Gedeón, conducido por su duda, mostraba que incluso él sabía que había traspasado sus límites. Reconoció que su fe era débil, pero que estaba en peligro de pecaminosamente poner a Dios a prueba (cp. Deuteronomio 6.16).

Cuando se disiparon sus dudas y estaba convencido de que el Señor le daría la victoria, Gedeón preparó a su ejército de treinta y dos mil hombres para luchar contra los madianitas, probablemente con una estrategia de batalla convencional. Pero Dios tenía su propia estrategia para el ejército de Israel, una que parecía desastrosa desde la perspectiva humana. Cuando estaban acampados al otro lado del valle de sus enemigos, el Señor se acercó a Gedeón con este impactante plan.

Y Jehová dijo a Gedeón: El pueblo que está contigo es mucho para que yo entregue a los madianitas en su mano, no sea que se alabe Israel contra mí, diciendo: Mi mano me ha salvado. Ahora, pues, haz pregonar en oídos del pueblo, diciendo: Quien tema y se estremezca, madrugue y devuélvase desde el monte de Galaad. Y se devolvieron de los del pueblo veintidós mil, y quedaron diez mil. (Jueces 7.2–3)

Dios había escogido al tímido Gedeón para dirigir el ataque, a fin de que su glorioso poder pudiera ser la única explicación para la victoria. Ahora, le dijo al aprensivo líder que redujera el ejército. Si Gedeón estaba nervioso con un ejército de treinta y dos mil, imagínese cómo se sintió cuando veintidós mil de sus hombres se fueron a casa. Gedeón se habría consolado si hubiera recordado las palabras de Moisés, que les dijo a los israelitas muchos años atrás: «Cuando salgas a la guerra contra tus enemigos, si vieres caballos y carros, y un pueblo más grande que tú, no tengas temor de ellos, porque Jehová tu Dios está contigo» (Deuteronomio 20.1). Al reducir el tamaño del ejército, Dios se aseguró de que los hombres de Israel no obtuvieran ninguna victoria convencional.

Aunque solo quedaban diez mil guerreros, Dios no había terminado de reducir las fuerzas de Israel. En Jueces 7.4, le dice a Gedeón: «Aún es mucho el pueblo». Siguiendo las instrucciones del Señor, Gedeón llevó al ejército a un arroyo cercano para beber. «Cualquiera que lamiere las aguas con su lengua como lame el perro, a aquél pondrás aparte; asimismo a cualquiera que se doblare sobre sus rodillas para beber» (v. 5). De los diez mil guerreros restantes, nueve mil setecientos se arrodillaron para beber. Solo trescientos se llevaron el agua a su boca usando sus manos para beber de ellas. El desfallecido corazón de Gedeón debió de estar a punto de detenerse cuando Dios le dijo: «Con estos trescientos hombres que lamieron el agua os salvaré, y entregaré a los madianitas en tus manos; y váyase toda la demás gente cada uno a su lugar» (v. 7). No se nos da ninguna razón para esta distinción, ya que la acción de beber no indicaba nada acerca de sus habilidades como soldados. Fue meramente una forma de reducir a la multitud. Sus destrezas como soldados no afectarían la victoria.

Desde el punto de vista de las tácticas militares probadas, reducir un ejército de treinta y dos mil a trescientos no tiene sentido, pero el Señor estaba declarando un punto inequívoco, no solo para Gedeón sino para todo Israel y para nosotros. Estaban a punto de ver su poder puesto en escena; era el momento de ser valientes, no porque ellos mismos fuesen fuertes, sino porque el Señor lucharía por ellos (cp. Josué 23.10).

Todavía el temor de Gedeón era palpable (Jueces 7.10). Así pues, por tercera vez, Dios le dio una señal para calmar sus nervios. Llegó de una forma extraña. Dios le dijo a Gedeón que se acercara al campamento madianita. Él obedeció la aterradora orden. Cuando llegó, escuchó a dos soldados enemigos conversando. El primero contaba un extraño sueño que había tenido la noche antes, en el que un pan rodaba hasta el campamento madianita y derribaba una tienda. Como respuesta, el otro soldado le dio una interpretación: «Esto no es otra cosa sino la espada de Gedeón hijo de Joás, varón de Israel. Dios ha entregado en sus manos a los madianitas con todo el campamento» (v. 14). Después de oír el sueño y el terror en la voz de su enemigo, Gedeón tenía su señal y regresó con su ejército convencido de que el Señor les daría la victoria.

EL EJÉRCITO QUE SE ANIQUILÓ A SÍ MISMO
En la profunda oscuridad de la noche, los trescientos hombres de Gedeón, tras haberse dividido en tres compañías de cien soldados cada una, hicieron lo que les habían dicho y tomaron trompetas y antorchas metidas en vasijas vacías, y se posicionaron por encima y alrededor del campamento madianita. En un esfuerzo coordinado, el ejército de Gedeón hizo sonar sus trompetas, rompieron sus vasijas contra el suelo, sostuvieron en alto sus antorchas encendidas en la noche, y gritaron: «¡Por la espada de Jehová y de Gedeón!» Con ese grito, la silenciosa calma de la oscura noche se vio alterada con el sonido de las trompetas, los gritos de los soldados y la repentina llamarada de trescientas antorchas. La estrategia era quizás que pareciera que cada uno de los trescientos representaba a todo un destacamento de soldados.

Para los perplejos enemigos de Israel, el terror siguió a la perplejidad. Aturdidos y desorientados, cundió el pánico entre los madianitas aún medio dormidos. Pensando que debía haber soldados israelitas por todo su campamento, y en la oscuridad de la noche, los madianitas no podían distinguir entre amigos y enemigos, y con sus espadas intentaron abrirse una vía de escape matando a sus propios hombres. Según Jueces 7.21–22: «Entonces todo el ejército echó a correr dando gritos y huyendo. Y los trescientos tocaban las trompetas; y Jehová puso la espada de cada uno contra su compañero en todo el campamento». Así, el confundido ejército madianita se destruyó a sí mismo. Los que pudieron escapar huyeron, y los trescientos hombres de Gedeón les persiguieron. Llamaron también a otros israelitas para que les ayudarán en la persecución (Jueces 7.23).

El resto de Jueces 7–8 describe la victoriosa persecución de Gedeón y su ejército, mientras expulsaban a los madianitas de Israel. Como resultado de la conquista, los israelitas querían hacerle rey, pero Gedeón reconoció que solo el Señor era el verdadero Rey (Jueces 8.23). Reconoció que todo el mérito de la liberación de Israel le pertenecía al Dios todopoderoso. Aunque Gedeón no tomó siempre sabias decisiones (cp. Jueces 8.24–31), el resto de su vida marcó una era de paz para la nación hebrea. Según las palabras de Jueces 8.28:«Así fue subyugado Madián delante de los hijos de Israel, y nunca más volvió a levantar cabeza. Y reposó la tierra cuarenta años en los días de Gedeón».

De manera increíble, el Señor usó a este débil granjero para liberar a su pueblo de sus mortales enemigos. Cuando conocimos por primera vez a Gedeón, estaba escondiéndose como un cobarde en un lagar. Él era el más inconcebible de los potenciales héroes. Pero Dios le elevó para que ganara una batalla decisiva que parecía imposible, no para exaltar a Gedeón, sino para demostrar su gran poder para salvar a su pueblo. Como respuesta, Gedeón legítimamente reconoció que solo el Señor merecía toda la gloria. La drástica transformación de este joven, de falta de fe a valentía, es de tal magnitud que se incluyó en el Nuevo Testamento entre los ejemplos de élite de los héroes de la fe (Hebreos 11.32). Su ejemplo de dependencia llena de fe en el Señor sirve como un recordatorio perpetuo de la fuerza que Dios da a quienes confían en Él.

SANSÓN: UN HOMBRE FUERTE DEBILITADO

La historia de Gedeón se enriquece cuando se coloca junto al relato bíblico de otra figura familiar. Varias generaciones después de Gedeón, el Señor levantó un juez en Israel llamado Sansón. Los comienzos de sus historias comparten algunos destacados paralelismos; sin embargo, en términos de sus disposiciones personales, Gedeón y Sansón no podrían haber sido más contrarios. Mientras que Gedeón era tímido y temeroso, Sansón era rudo e insensato. El primero se consideraba débil e inadecuado; el segundo creía arrogantemente que era invencible. A pesar de estos agudos contrastes, el Señor obró por medio de ambos hombres para cumplir sus soberanos propósitos con Israel.

Sansón mismo es un estudio en contradicción: un hombre dotado de una fuerza sobrenatural cuyas proezas de poder pertenecen al mundo de los héroes fantásticos de los niños. Sin embargo, esa fuerza y poder sin iguales, corrompidos y perdidos por su indómita pasión, le redujeron hasta convertirlo en un penoso enclenque. Pero cuando era más débil, el Señor usó a Sansón en el acto más poderoso de toda su increíble vida.

¿NACIDO PARA SER SALVAJE?

En el capítulo trece de Jueces, la historia de Sansón comienza de forma similar a la de Gedeón. Los israelitas estaban, de nuevo, bajo el dedo opresor de un enemigo extranjero: los filisteos. Tras años de opresión, el ángel del Señor, otra aparición preencarnada del Hijo de Dios, llegó para ordenar a un nuevo libertador para su pueblo. En este caso, se presentó a sí mismo a los padres de Sansón, anunciándoles que pronto tendrían un hijo que un día sería usado por Dios para rescatar a la nación. El padre de Sansón, Manoa, respondió al reporte del ángel del mismo modo que lo hizo Gedeón: llevando un cabrito y algo de grano como ofrenda al Señor. Lo que ocurrió después está escrito en Jueces 13.19–20:

> Y Manoa tomó un cabrito y una ofrenda, y los ofreció sobre una peña a Jehová; y el ángel hizo milagro ante los ojos de Manoa y de su mujer. Porque aconteció que cuando la

llama subía del altar hacia el cielo, el ángel de Jehová subió en la llama del altar ante los ojos de Manoa y de su mujer, los cuales se postraron en tierra.

Como había hecho con Gedeón, el Señor transformó el sacrificio en una milagrosa verificación de su identidad divina. Manoa y su esposa estaban comprensiblemente aterrados cuando supieron que habían visto a Dios (Jueces 13.22). Al igual que Gedeón, pensaron que iban a morir en juicio divino porque eran pecadores (véase Jueces 6.22–23).

La madre de Sansón había sido estéril antes de que el ángel del Señor le prometiera que daría a luz a un hijo único. El Señor también le dio instrucciones concretas con respecto a su embarazo. No debía beber vino ni comer nada que fuera ceremonialmente inmundo. También, después de que naciera el niño, no debía cortarle el cabello porque Sansón debía ser nazareo. La palabra *nazareo* viene de un vocablo hebreo que significa: «separar». En Números 6.1–8, el Señor dio restricciones concretas para quienes tomaran este voto de separación: no beber alcohol, no cortarse el cabello y no tocar ningún cadáver. Eso era para simbolizar externamente la consagración de la persona a una vida santa.

El hecho de que Sansón fuera apartado desde su nacimiento tuvo poco efecto en la manera en que realmente vivió como adulto. A lo largo de su vida, violó las tres prohibiciones nazareas (tocar un cadáver, en Jueces 14.8–9; beber en su fiesta de bodas, en Jueces 14.10–11; y permitir que le cortaran el cabello, en Jueces 16.19). Se convirtió en un hombre movido por sus deseos carnales, especialmente su pasión ilícita y desbocada por las mujeres paganas. La Escritura le describe como una persona de voluntad terca, deseos irracionales y un temperamento violento: una combinación volátil. Al final, el franco menosprecio de Sansón por los claros mandamientos del Señor haría que su vida fuera una tragedia legendaria, con su encaprichamiento con las mujeres filisteas en el centro.

LA DESTRUCCIÓN DE SU PROPIA BODA

A pesar del flagrante pecado de Sansón, por el cual pagó un precio terrible, Dios seguía teniendo un propósito con él en el rescate de Israel de la agresión filistea. Cuando Dios quería que tuviera un don sobrenatural para el papel que debía desempeñar, el Espíritu del Señor descendía sobre él y mostraba proezas de fuerza humanamente imposibles, relacionadas siempre con la destrucción de los filisteos.

Todo comenzó cuando, de joven, Sansón insistió en casarse con una mujer filistea, una unión que Dios había prohibido expresamente (Deuteronomio 7.1–5; cp. Jueces 3.5–7). El texto enfatiza el hecho de que Sansón «vio» a la joven, y que ella *le gustaba*, queriendo decir que su interés en ella era totalmente superficial. Aunque sus padres intentaron disuadirlo para que no se casara con ella, Sansón ignoró su consejo e insistió hasta que tuvo lo que quería (Jueces 14.3, NTV).

Mientras iban de camino a la ciudad donde vivía su novia pagana, Sansón se encontró con un león, un hecho no poco frecuente en la antigua Israel. Normalmente, la suerte hubiera favorecido al gran felino, con sus afiladas zarpas y sus feroces mandíbulas, pero esta vez el león sería la víctima, ya que Dios protegió a Sansón para futuras hazañas. Según Jueces 14.6: «Y el Espíritu de Jehová vino sobre Sansón, quien despedazó al león como quien despedaza un cabrito, sin tener nada en su mano». Varios meses después, cuando Sansón pasaba por ese camino nuevamente, vio el cadáver del león y fue a investigar, probablemente esperando encontrarlo lleno de moscas y gusanos. Pero en lugar de eso, una colonia de abejas había anidado dentro. Evitar el cadáver era un requisito de su voto nazareo, pero Sansón lo ignoró y recogió la miel del cuerpo, comiéndosela mientras se alejaba por el camino. Incluso les ofreció a sus padres cuando llegó a su casa.

Cuando terminó el período de compromiso matrimonial y se habían terminado los preparativos para la boda, Sansón viajó de nuevo a la ciudad de su novia para la fiesta. Esas celebraciones paganas normalmente duraban siete días y consistían principalmente en un jolgorio de borrachos. El texto bíblico indica que Sansón se unió a treinta jóvenes filisteos, cuya relación con él de algún modo no queda clara. Debían de ser conocidos de la novia que habían sido invitados a la fiesta, y también podrían ser guardas a los que se les habría ordenado vigilar a Sansón, a quien los filisteos probablemente ya veían con recelo. En un intento por avergonzarles, el joven novio, que probablemente ya estaba algo ebrio, desafió a los filisteos con un acertijo imposible basado en su aventura con el león.

Y Sansón les dijo: Yo os propondré ahora un enigma, y si en los siete días del banquete me lo declaráis y descifráis, yo os daré treinta vestidos de lino y treinta vestidos de fiesta. Mas si no me lo podéis declarar, entonces vosotros me daréis a mí los treinta vestidos de lino y los vestidos de fiesta. Y ellos respondieron: Propón tu enigma, y lo oiremos. Entonces les dijo: Del devorador salió comida, y del fuerte salió dulzura. Y ellos no pudieron declararle el enigma en tres días. (Jueces 14.12–14)

Movidos por la frustración por su imposibilidad de resolver el acertijo, los treinta hombres humillados acorralaron a la esposa de Sansón, amenazándola con quemar su casa y la de su padre si no les contaba el significado del acertijo de su esposo. En un anticipo de la posterior relación de Sansón con Dalila, su esposa le rogaba incesantemente que le revelara el acertijo.

Al principio rehusó, pero su implacable petición finalmente dio sus frutos.

Cuando los hombres filisteos encontraron la respuesta correcta, Sansón sabía que la única forma en que podían haberlo averiguado era que su novia lo hubiera traicionado. Encolerizado, Sansón viajó hasta Ascalón (una ciudad filistea a unos 35 kilómetros de distancia), mató a treinta hombres y trajo sus túnicas para cumplir con su promesa si resolvían el enigma (Jueces 14.19). Enojado aún después de que su matanza y su viaje de setenta kilómetros hubieran alimentado su furia, abandonó a la mujer y regresó con sus padres.

Es tristemente irónico que, aunque se le identificó como uno de los principales jueces de su nación, Sansón nunca hizo intento alguno de expulsar a los enemigos de Israel de la tierra. De hecho, estuvo feliz de relacionarse con los filisteos, incluso hasta el punto de casarse con una de ellos. Aunque solo estaba interesado en servirse a sí mismo, el Señor supervisaba las egoístas decisiones de Sansón para asegurarse de la liberación de Israel y la desaparición de los filisteos (cp. Jueces 14.4).

EL JUEGO CON FUEGO

La desastrosa boda de Sansón probablemente ocurrió al comienzo de la primavera. Después de enfurruñarse en casa durante un tiempo, decidió regresar con su esposa en la época de la cosecha del trigo, sin saber Sansón que su suegro filisteo, el cual supuso que el enojado novio nunca regresaría, había dado a su hija a otra persona (Jueces 14.20).

Sansón apareció en la casa de su esposa con un cabrito, aparentemente una precaria ofrenda de paz con la que pensaba aplacar a la agitada familia por la debacle de la boda. Para su sorpresa, solo salió a recibirle a la puerta su suegro, el cual rehusó dejarlo entrar. Los pensamientos de reconciliación se convirtieron en rabia cuando Sansón escuchó a su suegro decir lo inconcebible: «Me persuadí de que la aborrecías, y la di a tu compañero. Mas su hermana menor, ¿no es más hermosa que ella? Tómala, pues, en su lugar» (Jueces 15.2).

El traicionado novio estaba comprensiblemente furioso, y de nuevo vertió su rabia contra los filisteos. En una increíble proeza de capacidad sobrehumana, Sansón capturó trescientas «zorras» y ató sus rabos para crear ciento cincuenta pares de aullidos. La palabra hebrea para «*zorra*» también se puede traducir como «*chacal*». Es probable que los chacales fueran los animales usados en este episodio, ya que su número era mucho mayor que el de las zorras en la antigua Israel. Después de asegurar a estas criaturas parecidas al coyote en pares, Sansón ató antorchas a sus rabos, encendió las antorchas con fuego, y las envió corriendo desesperadamente en zig zag a través de los campos de trigo cercanos. Con encendida ira, las usó para incendiar las cosechas filisteas creando un fuego que arrasaba todo lo que encontraba a su paso, desde campos de trigo a viñedos y olivares (Jueces 15.5).

Cuando supieron por qué había provocado los incendios, los filisteos culparon a los antiguos suegros de Sansón, y se vengaron quemando a su antigua esposa y al suegro (Jueces 15.6).

Irónicamente, para evitar la muerte anteriormente, la esposa de Sansón le había rogado que le revelara el significado de su enigma para poder decírselo a los treinta filisteos en la boda. Sin embargo, al hacer eso puso en marcha una serie de acontecimientos que terminaron con el mismo resultado que ella desesperadamente había intentado evitar: su propia muerte.

Al escuchar las noticias de la brutal ejecución de su esposa, Sansón de nuevo se encolerizó. No aceptó la culpa de las circunstancias que llevaron a la muerte de su esposa sino que, en cambio, decidió vengarse contra los filisteos. Según Jueces 15.8: «Y los hirió cadera y muslo con gran mortandad; y descendió y habitó en la cueva de la peña de Etam». La frase «cadera y muslo» se puede traducir con más precisión como «pierna sobre muslo», y es probablemente una expresión de combate para designar un dominio total y violento. Aquí está la providencia de Dios y el cumplimiento del propósito divino de la manera más inimaginable. El Señor estaba usando la rabia egoísta de Sansón y su venganza para derrotar a los filisteos.

ESCAPE DEL ARRESTO

Con sus campos quemados y sus parientes muertos, los filisteos llegaron al colmo, juntaron un ejército y fueron a buscar a Sansón. Los hombres de Judá les vieron acercarse y se preguntaron: «¿Por qué habéis subido contra nosotros?» La respuesta de los filisteos fue simple y directa: «A prender a Sansón hemos subido, para hacerle como él nos ha hecho» (Jueces 15.10).

La reputación de Sansón era tal que incluso sus compatriotas israelitas le temían. Consecuentemente, los hombres de Judá enviaron su propio ejército de tres mil hombres para encontrarle y entregarle a los filisteos. Cuando localizaron a Sansón, le preguntaron: «¿No sabes tú que los filisteos dominan sobre nosotros? ¿Por qué nos has hecho esto?» La respuesta de Sansón, llena de autoreivindicación, fue casi idéntica a lo que los filisteos acababan de decir poco antes: «Yo les he hecho como ellos me hicieron» (Jueces 15.11).

Se producía un difícil y tenso empate, ya que los soldados israelitas anunciaron que habían acudido para arrestar a Sansón y entregarle a los filisteos. Los tres mil hombres contra él no suponían amenaza alguna para Sansón. Él sabía que les habían obligado a ir a buscarle, así que después de hacerles jurar que no le matarían, Sansón accedió a entregarse e ir con ellos calladamente. Para impedir que se escapara, los soldados le ataron con dos cuerdas nuevas.

Cuando la cohorte regresó para entregar a Sansón a sus enemigos, «los filisteos salieron gritando a su encuentro; pero el Espíritu de Jehová vino sobre él, y las cuerdas que estaban en sus brazos se volvieron como lino quemado con fuego, y las ataduras se cayeron de sus manos» (Jueces 15.14). Rompiendo las cuerdas nuevas, Sansón hizo frente a sus atacantes como si fuera un superhéroe de verdad. Tomó el objeto que encontró más a la mano para usarlo como un arma (la quijada de un asno que encontró en el suelo) y corrió para enfrentarse a sus enemigos.

Los soldados israelitas veían impactados cómo el que acababa de ser su prisionero acababa con una sola mano con el ejército de opresores. Es difícil imaginarse el caos y la carnicería de ese conflicto, a medida que Sansón mataba a miles de sus enemigos por sí solo, únicamente con la quijada de un asno. Cuando terminó la batalla y habían huido los supervivientes filisteos, Sansón apiló los cuerpos de sus adversarios muertos en un montón, y llamó a aquel lugar «Ramat-lehi», que significa «Cuenca de la quijada».

Sansón compuso una canción para celebrar su victoria como una manera de atribuirse el mérito de lo ocurrido (Jueces 15.16). Sin embargo, pronto le recordaron con todo lujo de detalles el hecho de que Dios era la fuente de su fuerza. Exhausto por la batalla, Sansón tuvo mucha sed, hasta el punto de casi morir de sed. Clamó al Señor desesperado: «Tú has dado esta grande salvación por mano de tu siervo; ¿y moriré yo ahora de sed, y caeré en mano de los incircuncisos?» (Jueces 15.18).

A pesar de la arrogante presunción de Sansón, se postró ante la realidad de que «Tú [Dios] has dado esta grande salvación». Dios respondió, contestando a su oración al darle milagrosamente agua de una roca. Del mismo modo que el Señor liberó a los millones de israelitas en el desierto durante los días de Moisés (Éxodo 17.6), ahora libró a Sansón de una deshidratación que amenazaba su vida. Por primera vez en la vida de Sansón, experimentó una gran debilidad física y clamó al Señor pidiendo ayuda. Tendría que volver a hacer lo mismo al final de su vida.

Después de narrar este episodio, el texto bíblico dice que Sansón «juzgó a Israel en los días de los filisteos veinte años» (Jueces 15.20). Durante dos décadas, bajo su protección, los israelitas disfrutaron de una época de respiro. Aunque los filisteos continuaron molestando a Israel mucho después en la vida de Sansón, él rompió la espalda de su dominio. Y en su muerte les asestó un golpe final y fatal.

ATRACCIÓN FATAL

El drama final de la vida de Sansón retrata a un hombre que fracasó estrepitosamente en cuanto a superar la insensata impulsividad de su juventud. El capítulo final comenzó cuando, como antes, cayó ante una mujer filistea. Pero incluso antes de que conociera a Dalila, el texto denota que visitó a una prostituta en Gaza (Jueces 16.1–3). Mientras estaba con ella, los hombres de Gaza fueron informados e intentaron capturarlo. Escapando de su esfuerzo, Sansón arrancó las pesadas puertas de la ciudad y las llevó (con barrotes y todo) sobre sus hombros hasta los montes de Hebrón, ¡a 60 kilómetros de distancia!

El sórdido episodio en Gaza destacaba tanto la fuerza sobrehumana de Sansón como su debilidad súper pecaminosa. Su fatal atracción hacia las mujeres paganas no fue solo el patrón de su vida, sino que también demostró ser el camino hacia su muerte. Si Sansón fuera Superman, sus propios deseos pecaminosos serían su criptonita. Pudo matar a un león, pero no a su lujuria. Pudo romper cuerdas nuevas, pero no viejos hábitos. Pudo derrotar ejércitos de soldados filisteos, pero no su propia carne. Pudo llevar a cuestas las puertas de una ciudad pero se permitió a sí mismo ser apartado cuando se perdió por la pasión.

Cuando Sansón fijó su lujuria sobre la Dalila, el desastre fue algo inevitable, y el camino hacia ese desastre era familiar.

Así como los filisteos presionaron a la esposa de Sansón para conocer la respuesta al acertijo de su esposo, del mismo modo Dalila fue seducida para desvelar el secreto de la fortaleza de Sansón. En vez de una amenaza, como en el primer caso, esta vez los gobernadores filisteos le ofrecieron a Dalila una exorbitante cantidad de dinero: cinco mil quinientos shekels de plata. Los eruditos bíblicos han destacado que el salario promedio anual de un trabajador era solo de diez shekels de plata, con lo cual esta oferta era quinientas cincuenta veces esa cantidad. Si lo comparásemos con un salario actual de cincuenta mil dólares, la recompensa en efectivo hubiera sido de casi treinta millones de dólares. Ninguna cantidad era demasiado alta si tenía el propósito de eliminar a su mortal enemigo.

Con esa fortuna en juego, Dalila estaba contenta de seducir a su novio hebreo. Utilizó las mismas tácticas que la esposa de Sansón hacía dos décadas, y dos capítulos antes: manipulándole al quejarse de que en verdad no la amaba (Jueces 16.15). Las sagaces preguntas de Dalila eran de todo menos sutiles: «Yo te ruego que me declares en qué consiste tu gran fuerza, y cómo podrás ser atado para ser dominado» (Jueces 16.6). Y sus repetidos intentos de atrapar a Sansón (vv. 8, 10, 14) eran una mortal revelación en cuanto a la naturaleza de sus intenciones. Quizá a Sansón en un principio le pareció que el juego del gato y el ratón era divertido; pero finalmente la insistencia de Dalila derritió su resolución y sucumbió, por lo que le contó la verdad sobre su fuerza.

Y aconteció que, presionándole ella cada día con sus palabras e importunándole, su alma fue reducida a mortal angustia. Le descubrió, pues, todo su corazón, y le dijo: Nunca a mi cabeza llegó navaja; porque soy nazareo de Dios desde el vientre de mi madre. Si fuere rapado, mi fuerza se apartará de mí, y me debilitaré y seré como todos los hombres. (Jueces 16.16–17)

Esta vez, cuando los guardias filisteos llegaron para prenderle, Sansón no pudo hacer nada. Las angustiosas palabras del texto, «pero él no sabía que Jehová ya se había apartado de él», expresan la sacudida y consternación que Sansón sintió de repente. Nunca antes había sido incapaz de vencer a todos sus enemigos; nunca más escaparía de su custodia. Aun así, Dios mismo vencería la derrota de Sansón dándole la victoria a Israel.

EL DERRIBO DE LA CASA

Sansón, cegado desde hacía tanto tiempo por la fuerza, la arrogancia y la lujuria, ahora estaba ciego a causa de sus captores, quienes le sacaron los ojos y le pusieron a trabajar en una rueda de molino en la prisión de Gaza (v. 21). El hombre fuerte que triunfantemente había cargado las puertas de la ciudad ahora había sido profundamente humillado, un prisionero que parecía un grano con una rueda de molino en una mazmorra. Con eso, el momento de su debilidad más desesperada, el escenario estaba listo para la expresión de su mayor fuerza y el acto más mortal de toda su increíble vida.

Los filisteos atribuyeron el mérito de la derrota de Sansón a su Dios, Dagón, en honor del cual tuvieron una gran celebración en su templo. A medida que la fiesta aumentaba así como su locura, pidieron que trajeran al hombre fuerte derrotado para entretenerles (Jueces 16.25). Totalmente degradado, llevaron a Sansón hasta el templo, donde se convirtió en el blanco de chistes groseros y burlas a cargo de la multitud mientras tropezaba ciegamente con sus desdeñosas bromas. Él pidió lo que parecía una pequeña cortesía para una figura tan desdichada:

que le llevaran hasta los pilares centrales para poder sostenerse en pie apoyándose sobre ellos.

Las evidencias arqueológicas de este período de tiempo indican que los templos filisteos tenían tejados sostenidos por columnas de madera fijadas sobre unas cortas piedras cilíndricas que hacían de base. Las columnas centrales estaban cerca del principal apoyo del techo. Desde la perspectiva de un ingeniero, el peso del perímetro se extraía de estas columnas centrales y de los cimientos. Estas columnas eran tan importantes que sin ellas el tejado se derrumbaría por su propio peso.

Sansón, incapaz de ver nada, sabía que estaba justo donde debía estar. En una última oración, le pidió al Señor que le devolviera su fuerza para un acto final, heroico y autosacrificial. Según Jueces 16.27–28:

Y la casa estaba llena de hombres y mujeres, y todos los principales de los filisteos estaban allí; y en el piso alto había como tres mil hombres y mujeres, que estaban mirando el escarnio de Sansón. Entonces clamó Sansón a Jehová, y dijo: Señor Jehová, acuérdate ahora de mí, y fortaléceme, te ruego, solamente esta vez, oh Dios, para que de una vez tome venganza de los filisteos por mis dos ojos.

Aunque lo que él tenía en su mente era su propia venganza, lo que no es algo heroico (Romanos 12.17–20), Sansón había sido durante muchos años un juez de Israel, e intentó proteger y preservar al pueblo del pacto con Dios de los terribles filisteos. Más allá de su deseo de venganza, el ciego prisionero mostró la disposición a dar su vida para proteger a su pueblo de sus enemigos mortales. En un momento, se había enamorado de las mujeres filisteas y estas no le aportaron nada, sino una tragedia. Ahora estaba preparado para matar a todas ellas en ese lugar.

En una milagrosa ráfaga de energía divina, una fuerza sobrenatural recorrió su cuerpo. El desgraciado prisionero ofreció su último grito de guerra: «¡Muera yo con los filisteos!» Con una mano en cada columna, Sansón comenzó a empujar quizá para probar si su oración había sido contestada. Cuando esas inconmovibles vigas monolíticas comenzaron a moverse, supo que Dios le había escuchado y contestado.

Con una explosión de poder incomprensible, Sansón desencajó las columnas para que con un golpe catastrófico se derrumbara toda la estructura de madera y piedra, aplastando a todos. Los gobernantes filisteos que habían organizado su captura murieron todos en la destrucción, junto con otros tres mil compatriotas que celebraban con ellos. Sansón había matado a cientos de filisteos durante su vida, pero nunca nada como esto. Así lo describe Jueces 16.30: «Y los que mató al morir fueron muchos más que los que había matado durante su vida».

Sansón murió por la causa de su país y su Dios. Como un libertador divinamente señalado en Israel, estaba actuando como instrumento de juicio del Señor con sus enemigos. Sin duda, los motivos de Sansón no fueron del todo puros; su fe estaba mezclada con una actitud injusta de venganza personal. Sin embargo, como ocurrió con Rahab y su mentira (en Josué 2.4–5), Dios honró la fe de Sansón a pesar de su pecado.

En términos de fuerza bruta, Sansón fue el campeón más grande de toda la historia de Israel. Sin embargo, fue también un hombre con fallos tremendos. A pesar de ello, está incluido, junto con Gedeón, en la lista de quienes caminaron por fe (Hebreos 11.32). Su acto final de valor demuestra que, en la humillación y el quebrantamiento de sus últimos días, había llegado a depender totalmente del Señor. Se convirtió en un héroe de la fe al confiar en que Dios le usaría en la muerte y le llevaría a su presencia.

LA DEBILIDAD DE LOS HOMBRES
Y EL PODER DE DIOS

Gedeón y Sansón representan extremos opuestos. Sin embargo, ambas historias enseñan la misma lección básica: el gran poder de Dios puede anular la debilidad humana para lograr sus propósitos soberanos. Gedeón era un débil cobarde que, mediante la fortaleza del Señor, libró a Israel al conquistar a los madianitas. Sansón era un hombre fuerte y audaz que, junto con su fortaleza sobrehumana, exhibió una debilidad súper pecaminosa. Sin embargo, el Señor misericordiosamente le aplastó y le humilló para que pudiera ser el arma divina para lograr la victoria de los israelitas sobre los filisteos.

Estos dos hombres se presentan como ejemplos de fe en el Nuevo Testamento. Sus legados se podrían resumir con la frase de Hebreos 11.34: «sacaron fuerzas de debilidad». Fue en sus momentos de mayor fragilidad cuando dependieron más del Señor mediante la fe, cuando fueron más fuertes, porque era entonces cuando el poder de Dios se mostraba a través de ellos. Su heroicidad en los propósitos redentores de Dios quedó unida inseparablemente a su humillación.

Lo mismo ocurre con nosotros. Como les dijo Pablo a los corintios, la iglesia no consiste en personas particularmente sabias, nobles o poderosas (1 Corintios 1.27). Si nos miramos a nosotros mismos, somos necios, viles y débiles; pero en Cristo, nosotros que somos inherentemente indignos y pecadores nos transformamos en vasos de honor, aptos para el uso del Maestro. Por tanto, podemos servirle con la fortaleza que Él nos da, mediante su gracia y para su gloria.

La clave real para el poder es el quebrantamiento y la desconfianza en uno mismo para acudir a Dios como el único poder verdadero. En palabras del apóstol Pablo, hablando de la experiencia de su propio sufrimiento y debilidad:

Respecto a lo cual tres veces he rogado al Señor, que lo quite de mí. Y me ha dicho: Bástate mi gracia; porque mi poder se perfecciona en la debilidad. Por tanto, de buena gana me gloriaré más bien en mis debilidades, para que repose sobre mí el poder de Cristo. Por lo cual, por amor a Cristo me gozo en las debilidades, en afrentas, en necesidades, en persecuciones, en angustias; porque cuando soy débil, entonces soy fuerte. (2 Corintios 12.8–10)

5

Jonatán: El hombre que [no] sería rey

~~~

Entonces se levantó Jonatán hijo de Saúl y vino a David a Hores,
y fortaleció su mano en Dios. Y le dijo: No temas, pues no te
hallará la mano de Saúl mi padre, y tú reinarás sobre Israel, y yo
seré segundo después de ti.

—1 Samuel 23.16–17

EL ÚLTIMO JUEZ DEL ANTIGUO TESTAMENTO OBSER-
vaba incrédulo al grupo de líderes israelitas reunidos
ante él. Durante toda su vida, Samuel había dirigido a
la nación con integridad y sabiduría como juez y profeta señalado por Dios; pero ahora era anciano, y no había ningún otro
juez en el horizonte, y sus hijos no eran aptos moralmente para
ocupar su lugar (1 Samuel 8.3). Sin embargo, seguía siendo
impactante y doloroso para él escuchar lo que los ancianos del
pueblo habían venido a decirle.

Reunidos en la aldea de Ramá, la ciudad natal de Samuel,
los israelitas no malgastaron el tiempo a la hora de decirle al
distinguido profeta y juez que estaban buscando activamente
su sustituto, incluso antes de que él muriese. Y no querían otro
profeta o juez, si conseguían lo que querían. Sus palabras no

cabe duda que penetraron hasta lo más hondo de Samuel. «He aquí tú has envejecido, y tus hijos no andan en tus caminos; por tanto, constitúyenos ahora un rey que nos juzgue, como tienen todas las naciones» (1 Samuel 8.5). Con esta única petición, el período de los jueces llegaba al momento de su fin tras trescientos cincuenta años. Un juez y profeta señalado por Dios no era suficiente para satisfacer al pueblo; querían ser como las naciones vecinas: querían un rey.

Es comprensible que Samuel sintiera el dolor de ser despreciado por la impetuosa petición de los israelitas; interpretó sus palabras como un ataque personal contra él y su ministerio. Pero el Señor le informó que se estaba produciendo una ofensa mucho mayor. «Oye la voz del pueblo en todo lo que te digan», le dijo el Señor a Samuel, «porque no te han desechado a ti, sino a mí me han desechado, para que no reine sobre ellos» (1 Samuel 8.7).

Desde que los israelitas prometieron servir y obedecer a Dios en el monte Sinaí (Éxodo 19.5–8), la nación había operado como una *teocracia*. El Señor era el único Rey en Israel, y gobernaba mediante el complejo de jueces, profetas y sacerdotes a quienes Él señalaba para representarle entre su pueblo. Cuando los israelitas le pidieron a Samuel un rey humano, simplemente estaban manifestando su descontento con el reinado de Dios. Ya no querían una teocracia, sino una *monarquía* como la de sus vecinos extranjeros. A lo largo de los cuatro siglos previos, habían olvidado repetidamente al Señor para adorar a otros dioses. Su petición de un rey humano era la expresión final de esa apostasía repetitiva que tantas veces se había demostrado en rebelión contra su verdadero Soberano (1 Samuel 8.8).

Samuel advirtió al pueblo del inevitable inconveniente de tener un monarca. Los reyes obligaban al populacho a trabajar en sus campos y a crear su equipamiento militar; arrastraban a los hijos a sus ejércitos y tomaban cautivas a las hijas para que trabajasen como perfumadoras, cocineras y panaderas en su servicio real. Para sus propios propósitos, los reyes requisaban tierras, establecían el pago de impuestos y tributos, se quedaban con las posesiones a su antojo y hacían súbditos, siervos y esclavos del populacho. De todas esas maneras, el pueblo perdería su libertad e incluso recibiría abusos. Las palabras finales de advertencia de Samuel fueron las más aterradoras de todas: «Y clamaréis aquel día a causa de vuestro rey que os habréis elegido, mas Jehová no os responderá en aquel día» (1 Samuel 8.18). Cuando pusieran a reyes terrenales en el poder para reemplazar al verdadero Rey, no habría vuelta atrás. La monarquía produciría desastre e incluso el juicio divino.

Aun así, los israelitas tercamente insistieron. Rehusaron prestar atención a la advertencia de Samuel y respondieron impúdicamente: «No, sino que habrá rey sobre nosotros; y nosotros seremos también como todas las naciones, y nuestro rey nos gobernará, y saldrá delante de nosotros, y hará nuestras guerras» (vv. 19–20). Durante el reinado del primer monarca de Israel, Saúl, comenzaría a manifestarse el peor resultado posible, tal como Samuel les había advertido.

LA PRIMERA FAMILIA REAL DE ISRAEL

Nuestra historia se trata de un hijo de Saúl llamado Jonatán, a quien se nos presenta en 1 Samuel 13.2. No creció en la casa de un rey, sino en el hogar de un granjero. Cuando era adolescente, varias de las asnas de su abuelo se perdieron, y el padre de Jonatán, Saúl, fue a buscarlas (1 Samuel 9.3). A pesar de buscar incansablemente no encontraron a los animales perdidos; en cambio, Saúl corrió al profeta Samuel. «Y de las asnas que se te perdieron hace ya tres días, pierde cuidado de ellas, porque se han hallado», le aseguró Samuel al desesperado granjero (v. 20). Pero es lo que dijo después el profeta lo que Saúl nunca podría haber esperado: «Mas ¿para quién es todo lo que hay de codiciable en Israel, sino para ti y para toda la casa de tu padre?» Para asombro de Saúl, Samuel le explicó que él se convertiría en el primer rey de Israel. Lo que había comenzado a un nivel bajo como la búsqueda de unas asnas perdidas, terminó en unos niveles de alturas inesperadas, ¡con la increíble promesa de que el buscador de asnas se convertiría en rey!

Alto, bien parecido y de la tribu guerrera de Benjamín, Saúl era el candidato ideal para primer monarca de Israel, a juzgar por las apariencias externas. En realidad, sus atributos físicos solamente ocultaban una trágica debilidad de carácter que estaba tras su apariencia, pero que sin lugar a duda sería revelada durante su larga andadura como rey. Según Hechos 13.21, Saúl reinó sobre Israel durante cuarenta años; pero sus errores aparecieron casi de forma inmediata. Cuando regresaba a casa tras reunirse con Samuel, Saúl tímidamente guardó su futura posición como un secreto (1 Samuel 10.16); y después, durante su ceremonia de coronación pública, intentó esconderse (v. 22). Una tímida inseguridad caracterizó continuamente su reinado. El temor y una débil confianza se evidenciaron repetidamente durante su reinado: a medida que se volvió cada vez más paranoico ante posibles rivales y actuó apresuradamente para compensar su ineptitud como líder.

Uno se pregunta cómo la familia de Saúl y especialmente su hijo mayor, Jonatán, respondieron cuando oyeron por primera vez las increíbles noticias. El cerebro de Jonatán no cabe duda que pasaría por todo tipo de expectativas y probabilidades al considerar la nueva responsabilidad de su padre, junto con su nueva función como príncipe. ¿Significaba eso que un día él mismo sería rey? Consciente de las debilidades de su padre, y familiarizado con su anterior función como granjero, Jonatán no se intimidó cuando Saúl se convirtió en rey. De hecho, no dudó en desacatar la autoridad de su padre cuando el nuevo monarca de Israel actuó de formas totalmente irracionales.

JONATÁN Y SAÚL: ¿DE TAL PALO TAL ASTILLA?

La primera expectativa de Israel con su nuevo rey era que les protegiera y librara de sus enemigos (1 Samuel 8.20). Casi inmediatamente, la legitimad de esa anticipación fue puesta a prueba con éxito, cuando Saúl dirigió a los israelitas a una victoria —dada por Dios— sobre los amonitas (1 Samuel 11.13). Un mayor desafío se presentó en menos de dos años del reinado de Saúl, cuando acompañado de un ejército de tres mil hombres, el rey se encontró en un peligroso conflicto con los filisteos. Aunque Sansón había asestado anteriormente un golpe devastador a los filisteos, seguían representando una amenaza militar para Israel en tiempos de Saúl. Sin embargo, el nuevo monarca de Israel no tenía por qué tener miedo, ya que el Señor ya había prometido entregarlos en su mano (1 Samuel 9.16).

Es en el contexto de este conflicto donde aparece Jonatán por primera vez en el relato bíblico. Probablemente en sus últimos años de adolescencia, cerca de cumplir los veinte años, era lo suficientemente mayor como para tener a su cargo mil hombres del ejército de su padre (1 Samuel 13.2). Mientras Saúl esperaba en otro lugar, Jonatán con sus hombres atacó la guarnición filistea en Geba y la conquistó. Geba estaba situada a unos cinco kilómetros del capitolio original de Israel, la ciudad de Gabaa, causando la destrucción de este puesto fronterizo filisteo de gran importancia estratégica para la nueva monarquía. Si Saúl ordenó el ataque no se menciona. En cualquier caso, fue Jonatán, y no Saúl, quien inició esa importante acción militar. El conflicto rápidamente se convirtió en una guerra a gran escala, dándole a Jonatán la oportunidad de demostrar que era un líder más valiente y capaz que su aprensivo padre.

LA LOCA DESOBEDIENCIA DE SAÚL

Puede que los israelitas esperasen una venganza relativamente pequeña y medida por parte de sus enemigos, pero en cambio, su agresión tuvo toda la furia y fuerza del ejército filisteo. Miles de carros, jinetes e infantería, «como la arena que está a la orilla del mar» (1 Samuel 13.5), se reunieron para buscar venganza contra el ejército hebreo, el cual parecía muy pequeño en comparación. Los hombres de Saúl reaccionaron, no con fe y valor sino con total temor. Muchos de sus soldados le abandonaron, escondiéndose «en cuevas, en fosos, en peñascos, en rocas y en cisternas» (v. 6), o cruzando el río Jordán y yéndose de la tierra. Huyeron tantos, ¡que su fuerza de combate inicial se redujo a solo seiscientos guerreros (v. 15)! Así que se quedó esperando en Gilgal muerto de miedo.

Saúl, de hecho, no tenía razón para estar paralizado por miedo a la masacre y la muerte, ya que Samuel anteriormente le había dado claras instrucciones sobre cómo responder en Gilgal:

> Luego bajarás delante de mí a Gilgal; entonces descenderé yo a ti para ofrecer holocaustos y sacrificar ofrendas de paz. Espera siete días, hasta que yo venga a ti y te enseñe lo que has de hacer. (1 Samuel 10.8)

Esa semana les debió parecer una eternidad, tanto a Saúl como a quienes se quedaron con él. En sus mentes, ¡Samuel no llegaba con la suficiente rapidez! Sus corazones estaban llenos de miedo, ya que los exploradores reportaban cada día el crecimiento del ejército filisteo que amenazaba con destruirles.

El séptimo día, cuando parecía que Samuel no llegaba para ofrecer los sacrificios, la fe de Saúl se vino abajo. Desesperado, decidió que no podía esperar más; su enemigo se hacía más fuerte mientras su propio ejército se disipaba cobardemente.

Sintiendo la necesidad de pasar a la acción, y no haciendo caso de las instrucciones de Samuel, Saúl decidió ofrecer él mismo los sacrificios (1 Samuel 13.9). Esta no sería la última vez en la carrera real de Saúl en la que intentó obtener la bendición del Señor mediante un acto de desobediencia.

Como una escena extraída de una comedia clásica, en el momento en que Saúl ofreció los sacrificios, apareció Samuel. Pero al indignado profeta no le hizo ninguna gracia. El rey salió rápidamente a su encuentro, de modo deplorable, sin darse cuenta de lo atroz que había sido su invasión al restringido oficio sacerdotal. Usurpar el papel de un sacerdote, como había hecho Saúl, era algo que se había prohibido estrictamente en Números 3.10 y 18.7. Un rey posterior de Judá llamado Uzías, aprendió de forma similar por las malas que Dios se tomaba esta ofensa muy en serio (2 Crónicas 26.16–21).

Saúl iba a ser muy pronto severamente condenado. La pregunta cortante de Samuel: «¿Qué has hecho?» sacudió la conciencia de Saúl. Como la pregunta que Dios le hizo a Adán en Génesis 3.9, las palabras de Samuel a Saúl fueron una acusación punzante, para la cual no había una respuesta adecuada, ninguna excusa válida ni defensa.

Pero eso no impidió que Saúl intentara justificar su pecado. Cuando se vio ante la justa acusación de su culpa, Adán intentó derivar la culpa a otro lado. Saúl empleó la misma estrategia de antaño de «culpar a otro», con los mismos resultados desastrosos. Echó la culpabilidad a todos menos a él mismo: a Samuel por llegar tarde, a sus tropas por su cobardía y a los filisteos por la seria amenaza que representaban (1 Samuel 13.11–12). Pero intentar zafarse de su culpa solo intensificaba su pecado.

La devastadora respuesta de Samuel al intento de evasión de Saúl dejó dolorosamente claro que Dios le señalaba a él como único responsable. El viejo profeta habló de parte de Dios cuando le dijo a Saúl:

Locamente has hecho; no guardaste el mandamiento de
Jehová tu Dios que él te había ordenado; pues ahora Jehová
vá hubiera confirmado tu reino sobre Israel para siempre.
Mas ahora tu reino no será duradero. Jehová se ha buscado
un varón conforme a su corazón, al cual Jehová ha designado para que sea príncipe sobre su pueblo, por cuanto
tú no has guardado lo que Jehová te mandó. (1 Samuel
13.13–14)

Anteriormente, Samuel había advertido a los israelitas que,
incluso bajo su nueva monarquía, si no obedecían al Señor
serían barridos en juicio junto a su rey (1 Samuel 12.25).
Movido por la duda y el temor, Saúl experimentó esas consecuencias severas en persona. El Señor escogería un sustituto
para él, alguien que, contrariamente a Saúl, se caracterizara
por ser un «hombre conforme al corazón de Dios».

Evidentemente, Jonatán no estaba en Gilgal cuando Saúl
deshonró al Señor y condenó a su propia dinastía. Pero el príncipe pronto se enteraría de que el juicio de Dios no era solo
para Saúl, sino para su familia, así que Jonatán nunca sería
rey. Para la mayoría de las personas en esa posición, saber eso
mataría sus expectativas alimentadas desde tiempo atrás y sería
devastadoramente decepcionante. Sin embargo, como veremos, la respuesta de Jonatán fue muy diferente, y eso es lo que
le hizo ser un héroe inconcebible.

La fe valiente de Jonatán

Al ofrecer locamente sacrificios al Señor, Saúl había violado la santidad y particularidad del oficio sacerdotal. Tampoco
confió en la palabra que Dios trajo mediante Samuel, por lo
que las consecuencias fueron graves. Sin embargo, la falta de fe
de Saúl contrastaba mucho con la fe de su hijo Jonatán. Con el
ejército filisteo aún acampado cerca, esperando atacar, el joven

príncipe se llevó a su criado de armas en una peligrosa misión secreta (1 Samuel 14.1).

El plan era extremadamente arriesgado, incluso irracional: escalar la cara de un precipicio escarpado y atacar por sorpresa a una guarnición filistea acompañado solo de su criado. El versículo en 1 Samuel 14.4 describe la traicionera topografía de la ruta que querían tomar: «Y entre los desfiladeros por donde Jonatán procuraba pasar a la guarnición de los filisteos, había un peñasco agudo de un lado, y otro del otro lado; el uno se llamaba Boses, y el otro Sene». El nombre *Boses*, en hebreo, probablemente significa *resbaladizo*; y el nombre *Sene* significa *espinoso*. ¡Aquellos desfiladeros estaban caracterizados por rocas resbaladizas y puntiagudos espinos! Pero esa no era la peor parte. El peligroso sendero terminaba a las puertas del puesto fronterizo de un enemigo. Era una misión suicida.

Pero observe la inconmovible fe de Jonatán. Dirigiéndose a su paje, le dijo: «Ven, pasemos a la guarnición de estos incircuncisos; quizá haga algo Jehová por nosotros, pues no es difícil para Jehová salvar con muchos o con pocos» (v. 6). Jonatán no tenía miedo, no porque confiara en su propia habilidad, sino porque había puesto su fe firmemente en la voluntad y el poder prometidos de Dios. Si el Señor luchaba por ellos, con ellos dos bastaría.

Que el Señor iba a honrar la fe de Jonatán era claro desde su primer movimiento. Después de escalar el precipicio, él y su paje mataron a veinte soldados enemigos (vv. 13–14). El antiguo historiador judío, Josefo, sugiere que ese ataque ocurrió por la mañana temprano, y que el elemento sorpresa aumentó por el hecho de que muchos de los filisteos estaban aún dormidos. Pero, sea la hora del día que fuera, la realidad es que el Señor les dio a Jonatán y a su paje poder sobre veinte soldados. Cuando el ejército filisteo se enteró de lo ocurrido, y los soldados que huyeron de la guarnición llevaron los reportes de la matanza, se llenaron de temor y, a pesar de ser mucho mayores en número, comenzaron a huir. El Señor infundió más temor en sus corazones al provocar un terremoto (v. 15), y haciendo que los soldados filisteos se confundieran de pánico, con lo cual comenzaron a matarse unos a otros (v. 20). Cuando Saúl y su ejército lanzaron el ataque principal, la batalla ya había terminado.

El Señor respondió a la fe y el valor de Jonatán enviando al enemigo al repliegue, librando así a los superados israelitas de la muerte y la derrota. La teología de Jonatán había motivado sus actos heroicos en el campo de batalla: el Señor podía dar la victoria con muchos o con pocos. Confiado en el poder de Dios, Jonatán puso en acción su fe. Mientras Saúl se sentaba bajo un árbol preocupándose por lo que debía hacer después, su atrevido hijo de nuevo tomó la iniciativa y vio el gran poder de Dios liberado en victoria.

LA ABSURDA MALDICIÓN DE SAÚL

Volviendo al momento anterior al comienzo de la batalla, las tropas de Saúl le habían abandonado en masa. Su deserción, en parte, había motivado que Saúl desobedeciera a Dios al ofrecer sacrificios antes de que llegara Samuel. También podría explicar la nimia maldición que el desesperado rey puso sobre sus propios hombres. En un aparente intento por impedir que los hombres que le quedaban también desertaran, Saúl reaccionó excesivamente y los puso bajo un juramento mortal: «Cualquiera que coma pan antes de caer la noche, antes que haya tomado venganza de mis enemigos, sea maldito» (1 Samuel 14.24). ¡Sus soldados quedaron así atados a ganar la victoria antes de poder ni tan siquiera comer su siguiente comida!

Puede que las intenciones de Saúl fueran nobles, y su juramento podría haber sido con la intención de encender un ayuno religiosamente motivado, en el que las tropas se enfocaran tanto en la batalla que no pensaran ni tan siquiera en comer; pero sea cual fuere su pensamiento, el plan de Saúl no dio resultado. Sus hambrientas tropas rápidamente se cansaron en el combate, volviéndose cada vez menos eficaces en la persecución de sus enemigos. Y lo más importante fue que los soldados tenían tanta hambre que, cuando finalmente obtuvieron la victoria y pudieron comer, se atiborraron de comida y violaron la ley de Dios al comer carne mezclada con sangre (cp. Levítico 17.10–14). El juramento insensato del rey no solo hizo daño a sus propósitos bélicos, sino que también provocó que su pueblo transgrediera la ley de Dios.

Cuando Saúl subsecuentemente buscó la guía divina mediante el sacerdote, el Señor rehusó responderle. (Dios también decidió no responder a futuras peticiones presuntuosas hechas por el pecaminoso Saúl: 1 Samuel 28.6). Aunque había provocado que su ejército pecara gravemente, Saúl no asumió la responsabilidad por su parte en las acciones. Como era de prever, buscó a quien culpar, y por eso no pudo ver la razón del silencio del Señor. En vez de examinar sus propias acciones y arrepentirse, equivocadamente supuso que la respuesta de Dios se debía al pecado de otra persona. Uno de sus soldados, o quizá su propio hijo, debía de haber violado la prohibición de comer. Quizá pensó que por eso el Señor rehusó responderle. El hipócrita Saúl estaba decidido a descubrir y castigar al culpable, ¡aunque se tratara de su propio hijo!

Jonatán y su paje ya habían emprendido su misión a escondidas cuando Saúl mandó a sus tropas con su juramento irracional, así que el príncipe no conocía la necedad de su padre. Sin embargo, un poco más avanzado el día, cuando los israelitas perseguían a los filisteos que huían en una zona boscosa, Jonatán encontró miel en el suelo, se detuvo y comió un poco. En ese momento, cuando Jonatán sin ser consciente violó la maldición de su padre, sus compañeros de milicia le informaron lo ocurrido. La respuesta de Jonatán subrayaba la severidad de las acciones de Saúl:

> Mi padre ha turbado el país. Ved ahora cómo han sido aclarados mis ojos, por haber gustado un poco de esta miel. ¿Cuánto más si el pueblo hubiera comido libremente hoy del botín tomado de sus enemigos? ¿No se habría hecho ahora mayor estrago entre los filisteos? (1 Samuel 14.29–30)

Cuando Saúl supo que Jonatán había violado su ridículo juramento, decidió mantener su diminuto orgullo procurando su muerte. A fin de cuentas, todos sabían que el rey precipitadamente había jurado matar al que no lo cumpliera, sin importar quién pudiera ser. En una rotunda protesta, el príncipe destacó lo absurdo de la situación: «Ciertamente gusté un poco de miel con la punta de la vara que traía en mi mano; ¿y he de morir?» (v. 43). Pero Saúl estaba totalmente persuadido. Ante esa estupidez, el pueblo comenzó a interceder en favor de Jonatán. De no haber sido por ellos, el rey habría ejecutado a su primogénito.

Todo eso ocurrió durante la primera escaramuza importante de Saúl con los filisteos, un evento que destacó las grandes diferencias existentes entre Saúl y Jonatán. Eran polos opuestos en su forma de ser. El rey era temeroso, indeciso, reaccionario, desobediente, insensato, orgulloso y de mano dura. Jonatán era exactamente lo contrario. Tomaba la iniciativa, mostraba valor, actuaba con humildad y propósito, exponía la necedad de su padre y exhibía confianza en el Señor. Mediante el poder de Dios, Jonatán (no Saúl) fue quien puso en marcha la victoria de Israel. Mientras el reinado de Saúl continuaba, y su debilidad cada vez se hacía más obvia, el contraste entre padre e hijo no hacía más que pronunciarse, y ese contraste cristalizó y se aclaró cuando un joven pastor llamado David entró en escena.

JONATÁN Y DAVID: LA ENCANTADORA VIRTUD DE LA LEALTAD

Al no confiar en el Señor, y ofrecer sacrificios antes de que llegara Samuel, Saúl demostró ser un líder incompetente que dejaba tras de él un lío real. A medida que continuaba su reinado, aceleraba su autodestrucción. Cuando Dios le ordenó destruir por completo a los amalecitas, con todo su ganado incluido, Saúl volvió a desobedecer. Dejó con vida al capturado rey Agag y permitió que las tropas de Israel tomaran lo mejor de las ovejas y los bueyes. Como en ocasiones anteriores, de nuevo el necio monarca se rebeló contra la palabra del Señor, y una vez más las consecuencias fueron predeciblemente graves.

Cuando llegó Samuel, Saúl afirmó haber cumplido con las instrucciones del Señor. Sin dar crédito a lo que veía, el profeta protestó con otra pregunta penetrante: «¿Pues qué balido de ovejas y bramido de vacas es este que yo oigo con mis oídos?» (1 Samuel 15.14). De nuevo, hubo una excusa para el fallo de Saúl a la hora de obedecer. Fiel a su forma, culpó a la gente de sus acciones y añadió una nota a pie de página que parecía noble: pretendía usar el ganado capturado como sacrificios al Señor.

Las memorables y profundas palabras que dio Samuel como respuesta debieron de haber golpeado a Saúl como un mazo:

¿Se complace Jehová tanto en los holocaustos y víctimas, como en que se obedezca a las palabras de Jehová? Ciertamente el obedecer es mejor que los sacrificios, y el prestar atención que la grosura de los carneros. Porque como pecado de adivinación es la rebelión, y como ídolos e idolatría la obstinación. Por cuanto tú desechaste la palabra de Jehová, él también te ha desechado para que no seas rey. (1 Samuel 15.22–23)

El anciano profeta entonces hizo lo que Saúl nunca tuvo el valor de hacer; en presencia de todos los que observaban, como reprensión pública por el fallo transigente de Saúl, ¡el anciano tomó una pesada espada y despedazó al rey amalecita (v. 33)! Salpicado de sangre y carne, Samuel le mostró al rey rebelde de Israel lo que era la completa obediencia. Ese gráfico drama fue la última vez que Saúl vio al fiel Samuel antes de que el profeta muriese.

El profeta y juez había hablado la verdad de Dios cuando advirtió a Israel que desear un rey le llevaría al desastre. Y así fue. Mientras el descorazonado profeta aún se dolía por la tragedia de Saúl, Dios le dijo que ungiera a un sustituto de otra familia como rey en Israel. A diferencia de Saúl, que impresionaba físicamente, el Señor escogió a un pastorcito que no impresionaba. Como joven preadolescente, el menor de ocho hermanos, David no era ni el más alto ni el más fuerte, pero como el Señor le recordó a Samuel: «Jehová no mira lo que mira el hombre; pues el hombre mira lo que está delante de sus ojos, pero Jehová mira el corazón» (1 Samuel 16.7).

Así, cuando Saúl aún estaba vivo y en su trono empañado, comenzó el entrenamiento real de David. Cuando el rey estaba aterrorizado por un espíritu malo, David (que ya era conocido como un gran músico) fue elegido para tocar el arpa para él (vv. 14–23). Viviendo aún en Belén, David fue al palacio y le hicieron una valiosa presentación en la corte real. Cuando el gigante filisteo Goliat amenazaba a los israelitas, el Señor usó a este joven pastor para matarle con una onda, cortar su cabeza y asegurar la victoria (1 Samuel 17.50). Al igual que Jonatán, David sabía que el Señor podía salvar a Israel usando muchos o pocos. No hay duda de que Jonatán estaba allí cuando David derrotó al coloso bajo el poder de Dios, y debió de haber reconocido el espíritu afín de aquel cuya fe estaba en el Señor en presencia de enemigos letales.

Motivada por el incidente con Goliat, se desarrolló una profunda amistad entre Jonatán y David. Primero de Samuel 18.1 describe la lealtad y devoción que caracterizaba a su amistad poco común: «el alma de Jonatán quedó ligada con la de David, y lo amó Jonatán como a sí mismo». El nombre *Jonatán* significa «regalo del Señor», y el príncipe ciertamente demostró ser eso para David.

Tras la destacada victoria de David, Saúl insistió en que este joven músico y matador de gigantes acudiera al palacio a vivir. Le dio a su propia hija en casamiento, junto con una posición de liderazgo en su ejército además de sus tareas como músico en la corte real. En estas y otras muchas formas, el Señor prosperó a David, de modo que se hizo inmensamente notorio con el pueblo. Saúl, cada vez más temeroso y amenazado, además de ser consciente de que su dinastía estaba maldita y su reino no duraría, pronto comenzó a sospechar del joven campeón, viéndole como un rival, por lo que intentó matarle.

Bajo esa amenaza mortal, David no habría tenido ninguna opción, pero tenía un aliado en la corte real: su amigo y cuñado, Jonatán. Sus corazones se habían unido de tal forma que habían hecho un pacto de lealtad entre ellos (1 Samuel 18.3). Cuando Saúl amenazó con matar a David, el príncipe le advirtió de las intenciones del rey. Jonatán incluso intercedió ante su padre en favor de David, pero ese esfuerzo no apartó a Saúl de su deseo de asesinarle.

David quedó impactado al enterarse de que Saúl quería matarle. Conocía el potencial peligro; pero quiso asegurarse de las malas intenciones del rey. Tramó una sencilla prueba para quitar cualquier duda.

Y David respondió a Jonatán: He aquí que mañana será nueva luna, y yo acostumbro sentarme con el rey a comer; mas tú dejarás que me esconda en el campo hasta la tarde del tercer día. Si tu padre hiciere mención de mí, dirás: Me rogó mucho que lo dejase ir corriendo a Belén su ciudad, porque todos los de su familia celebran allá el sacrificio anual. Si él dijere: Bien está, entonces tendrá paz tu siervo; mas si se enojare, sabe que la maldad está determinada de parte de él. (1 Samuel 20.5–7)

Jonatán estuvo de acuerdo y lanzaron el plan. Al segundo día después de la luna nueva, cuando David no acudió a la mesa del rey para comer, Saúl preguntó dónde estaba. Cuando Jonatán le respondió que le habían dado permiso para ausentarse, el rey se enfureció, acusando a su hijo de favorecer a David para su propia vergüenza y la de su familia. Al calor del momento,

Entonces se encendió la ira de Saúl contra Jonatán, y le dijo: Hijo de la perversa y rebelde, ¿acaso no sé yo que tú has elegido al hijo de Isaí para confusión tuya, y para confusión de la vergüenza de tu madre? Porque todo el tiempo que el hijo de Isaí viviere sobre la tierra, ni tú estarás firme, ni tu reino. Envía pues, ahora, y tráemelo, porque ha de morir. (1 Samuel 20.30–31)

Cuando el príncipe respondió defendiendo el honor de su amigo, Saúl tomó su lanza y, en un estallido incontrolable de ira, la lanzó sobre la mesa del comedor a la cabeza de su hijo, fallando por muy poco. Nadie se movió. El único sonido en la sala lo produjo la empuñadura metálica de la lanza que aún se movía clavada vibrantemente en la pared. Mirando en silencio la violenta ira de su padre, Jonatán salió con rapidez.

Al día siguiente, el melancólico príncipe emprendió su camino hacia el campo donde él y su amigo habían acordado verse y hablar de la prueba. Como habían arreglado con antelación, Jonatán disparó una flecha más allá de su siervo, y le preguntó: «¿No está la saeta más allá de ti?» (v. 37). Esa pregunta codificada significaba que Saúl estaba enojado y decidido a matar a David. Cuando el siervo del príncipe regresó a la ciudad, David salió de su escondite para decirle adiós a Jonatán, que se había quedado. Los dos hombres lloraron porque David ahora era un fugitivo que huía para salvar su vida. Las palabras de despedida de Jonatán para David manifestaron la lealtad que había entre ambos: «Vete en paz, porque ambos hemos jurado por el nombre de Jehová, diciendo: Jehová esté entre tú y yo, entre tu descendencia y mi descendencia, para siempre» (v. 42). Después David volvió a esconderse y Jonatán regresó a la ciudad.

Saúl pasó el resto de su vida persiguiendo a David. ¿Por qué esa pasión irracional? Porque sabía que el Señor había escogido a David para ser el siguiente rey de Israel. David pasó esos mismos años huyendo, escondiéndose y sobreviviendo pacientemente hasta la muerte de Saúl. Aunque Saúl casi le capturó en varias ocasiones, el Señor protegió a David, mientras usaba las exigencias de su dura experiencia para moldearle a fin de convertirle en un líder y comandante excepcional.

Durante esos años, esporádicamente, Jonatán encontró la manera de reunirse con su amigo para animarle y reiterarle su lealtad. Jonatán siempre afirmaba lo que Saúl estaba desesperadamente intentando impedir: que David se convertiría en el siguiente rey de Israel. Con un gran amor y humildad, el príncipe le explicó a David: «No temas, pues no te hallará la mano de Saúl mi padre, y tú reinarás sobre Israel, y yo seré segundo después de ti; y aun Saúl mi padre así lo sabe» (1 Samuel 23.17).

Jonatán cedió por voluntad propia su derecho al trono, porque entendió que el Señor había escogido a David en lugar de él, y no tenía rencor, sino solo afecto hacia aquel que reinaría en su lugar. Irónicamente, mientras Saúl con tenacidad (y en vano) intentaba retener el trono para su hijo, este se lo ofreció con agrado al hombre que sabía que Dios había elegido como siguiente rey de Israel.

Como más claramente se ve el carácter de Jonatán es en su actitud hacia David. Sin lugar a duda, era un guerrero valiente, un príncipe noble y un amigo leal, pero fue su fe inconmovible en el plan del Señor para él y su futuro lo que le destacó como un héroe inconcebible. Jonatán no solamente *se conformó* al hecho de que su función no sería ser rey, sino que lo *aceptó* de todo corazón, protegiendo y promoviendo con empeño a aquel que Dios había señalado como rey en su lugar.

DAVID Y MEFIBOSET: EL DURADERO LEGADO DE BONDAD

Esa interacción entre David y Jonatán es la última vez que oímos del príncipe hasta la catastrófica batalla con los filisteos, en la que Saúl, Jonatán y dos de sus hermanos murieron (1 Samuel 31.2). La matanza le causó a David un profundo dolor, el cual produjo un doloroso lamento narrado en el primer capítulo de 2 Samuel. De su corazón salieron palabras de tristeza no solo para Jonatán, sino también para Saúl; pero David reservó el siguiente tributo de amor para su querido amigo:

> ¡Cómo han caído los valientes en medio de la batalla! ¡Jonatán, muerto en tus alturas! Angustia tengo por ti, hermano mío Jonatán, que me fuiste muy dulce. Más maravilloso me fue tu amor que el amor de las mujeres. ¡Cómo han caído los valientes, han perecido las armas de guerra! (2 Samuel 1.25–27)

Con la melancolía de su afecto, David enfatizó la poco habitual lealtad que había compartido con el príncipe. Al decir que su amistad sobrepasó al «amor de las mujeres», David no estaba menospreciando el vínculo afectivo que existe entre un esposo y su mujer, sino que estaba enfatizando el hecho de que su amor por Jonatán era sin ninguna atracción física o interés. Eso lo hacía ser diferente al afecto que comparten un hombre y una mujer, el cual incluye una atracción y unas relaciones físicas. David y Jonatán compartieron un compromiso de hombres que era noble, leal y desinteresado, una camaradería que nació de la amenaza y el conflicto, y que se solidificó mediante su fe mutua en el Señor.

Pero la devoción de David por el bienestar de su amigo no terminó con la muerte de Jonatán. Años antes, había jurado que extendería su favor a los descendientes de Jonatán. Esta promesa que hizo David llegó como respuesta a la petición de su amigo. Jonatán, con la certeza de que David un día sería rey, intentó hacer con él un pacto de protección para sus descendientes. Conociendo la profundidad del amor de David por él, declaró lo que sabía que David estaría dispuesto a hacer después de su muerte:

Y si yo viviere, harás conmigo misericordia de Jehová, para que no muera, y no apartarás tu misericordia de mi casa para siempre. Cuando Jehová haya cortado uno por uno los enemigos de David de la tierra, no dejes que el nombre de Jonatán sea quitado de la casa de David. Así hizo Jonatán pacto con la casa de David, diciendo: Requiéralo Jehová de la mano de los enemigos de David. (1 Samuel 20.14–16)

David, fiel a su promesa, continuó honrando ese pacto con su amigo.

El ejemplo más maravilloso de la lealtad pactada de David fue su respuesta al único hijo de Jonatán, Mefiboset. Era tan solo un niño de cinco años cuando su padre murió. Su niñera, al escuchar las terribles noticias, tuvo miedo de que quienes mataron a Saúl y a sus hijos llegaran demandando también la vida del niño, así que le tomó en sus brazos y huyó; pero con el temor y las prisas en su huida, el niño se le cayó y se rompió las piernas (2 Samuel 4.4). Mefiboset quedó permanentemente lisiado como resultado del accidente.

Años después, David buscó a Mefiboset, como el único descendiente de Jonatán, y le invitó al palacio donde fue recibido como si fuera uno de sus hijos, sentándose a comer regularmente en la mesa real. Incluso le dio la tierra que previamente le había pertenecido a su abuelo, Saúl; y mandó a los antiguos siervos de Saúl que siguieran trabajando la tierra para el nieto de su amo (2 Samuel 9.1–13).

La bondad de David con Mefiboset estaba motivada únicamente por el amor y la fidelidad al pacto; como tal, sus acciones nos dan una maravillosa analogía del amor inmerecido de Dios por los pecadores. David tomó toda la iniciativa. Buscó a Mefiboset y le dio la bienvenida en el palacio. Lo hizo aunque Mefiboset era nieto de Saúl, el rey maldito de Israel y el mayor perseguidor de David. Mefiboset no podía hacer nada para devolverle a David el favor u ofrecerle ningún servicio significativo. Sin embargo, David le introdujo en su familia, lo invitó a su mesa e incluso le dio una tierra como herencia que legalmente no le pertenecía. Como respuesta de agradecimiento, Mefiboset se convirtió en un siervo leal a David durante toda su vida (cp. 2 Samuel 19.24–30).

Aunque la mayoría de los descendientes de Saúl perdieron su vida, David tuvo cuidado de proteger a Mefiboset «por el juramento de Jehová que hubo entre ellos, entre David y Jonatán hijo de Saúl» (2 Samuel 21.7). El hijo de Mefiboset, Mica, sostuvo el linaje de la casa de Jonatán, de modo que sus herederos siguieron existiendo durante muchas generaciones y produjeron guerreros nobles (1 Crónicas 8.34–40). Como príncipe, Jonatán había sido fiel protegiendo a David. Ahora, como rey, David fue fiel en honrar sus promesas pactadas con Jonatán, recibiendo amorosamente a Mefiboset como miembro de su propia familia.

EL LEGADO DE JONATÁN

Jonatán, el primer príncipe de Israel, se constituyó en una frustración para su padre y en un amigo para el sucesor de su padre. Cuando Saúl debió haber iniciado el ataque contra los filisteos, fue Jonatán el que dirigió el ataque. Cuando Saúl tuvo dudas y desobedeció, Jonatán operó con fe y valor. Su meditada respuesta a los cambios de temperamento violento de su padre y su comportamiento irracional le destacaron como un agudo contraste con el insensato rey.

Temprano en la gestión de Saúl, Jonatán aprendió que el reino de su padre nunca le pertenecería. Una típica respuesta a ese tipo de desengaño habría incluido enojo y resentimiento; pero la respuesta de Jonatán estaba lejos de ser la típica, lo cual le hace ser un héroe *inconcebible*. En lugar de luchar contra su futuro, el príncipe lo aceptó, hasta el grado de convertirse en un amigo leal del hombre que un día sería rey en su lugar. Aunque su padre intentó destruir a David, Jonatán valientemente protegió a David y defendió su reputación, demostrándole heroica lealtad en cada momento. Aunque el legado de Saúl contenía desobediencia, desconfianza y decepción, el legado de su hijo Jonatán es completamente contrario. Era un hombre que tenía razones para sentirse amenazado por David, como le pasó a su padre; sin embargo, este héroe inconcebible dejó ir su corona sin ningún remordimiento y vivió para el bienestar de aquel que sería rey en su lugar, como Dios había determinado.

Las primeras palabras que encontramos de Jonatán demuestran su fe firme en la voluntad y el poder del Señor, cuando le dijo a su paje:

Ven y pasemos a la guarnición de los filisteos, que está de aquel lado... Ven, pasemos a la guarnición de estos incircuncisos; quizá haga algo Jehová por nosotros, pues no es difícil para Jehová salvar con muchos o con pocos. (1 Samuel 14.1, 6)

Sus últimas palabras que encontramos, refiriéndose a David, subrayan su confianza en el perfecto plan de Dios para su futuro y para Israel:

No temas, pues no te hallará la mano de Saúl mi padre, y tú reinarás sobre Israel, y yo seré segundo después de ti; y aun Saúl mi padre así lo sabe. (1 Samuel 23.17)

A diferencia de las estrechas miras de su padre, este príncipe noble estaba deseoso de obedecer al Señor.

Así, de la trágica saga de Saúl llega la historia del heroico desinterés de Jonatán y su firme amistad. Jesús dijo: «Nadie tiene mayor amor que este, que uno ponga su vida por sus amigos» (Juan 15.13). Sin lugar a duda, Jonatán hubiera sacrificado su vida hasta la muerte para proteger a su amigo. Ese es el máximo sacrificio, pero muy cerca está el sacrificio de la vida de alguien *en vida*, entregando sin pesar todo el honor personal, poder y posición por un amigo que toma esas cosas porque era la voluntad de Dios que así fuese.

6

JONÁS: LA HISTORIA DEL PEZ MÁS GRANDE DEL MUNDO

Vino palabra de Jehová por segunda vez a Jonás, diciendo: Levántate y ve a Nínive, aquella gran ciudad, y proclama en ella el mensaje que yo te diré. Y se levantó Jonás, y fue a Nínive conforme a la palabra de Jehová.

—JONÁS 3.1–3A

L A EXISTENCIA DE «OLAS DESCOMUNALES» NO SE verificó científicamente hasta el 1 de enero de 1995, cuando un muro de agua de veinticuatro metros golpeó de repente la plataforma petrolífera Draupner en la costa de Noruega. Era de más del doble del tamaño de cualquier otra ola registrada hasta ese día, una anomalía inesperada de proporciones catastróficas.

Aunque solo ha sido validado recientemente por la ciencia, relatos de testigos oculares de tan aterrador fenómeno, contados por marineros supervivientes, se han transmitido durante siglos. El folclore marítimo está lleno de historias de estas «olas insólitas», torres turbulentas de agua salada con depresiones tan profundas y crestas tan altas que el océano podría tragarse literalmente a los barcos. Incluso barcos marineros modernos son susceptibles al poder de tales impredecibles e imprevisibles fuerzas de la naturaleza. En 2001, dos barcos cruceros, el MS *Bremen* y el *Caledonian Star*, fueron gravemente afectados por una ola descomunal de treinta y dos metros en el Atlántico sur. Se ha informado de otros incidentes similares desde aquel año. Aunque no son frecuentes, las olas descomunales demuestran lo volátil y precario que puede resultar el mar en condiciones extremas. En medio de una tormenta, las olas de los océanos casi siempre alcanzan alturas de siete metros y, en condiciones severas, más de trece metros. En raras ocasiones, pueden llegar a alcanzar alturas mayores. Boyas de la costa de Nueva Escocia, durante la infame tormenta de Halloween de 1991 (conocida más comúnmente como «La tormenta perfecta»), registraron olas en el Atlántico de más de treinta y tres metros. Golpeadas por los intensos vientos de huracanes y tormentas tropicales, estas olas masivas son a la vez aterradoras y mortales.

El capítulo de apertura de Jonás está en medio de ese tipo de tormenta intensa. La meteorología moderna ha documentado el desarrollo de ciclones tropicales en el Mar Mediterráneo: tempestades violentas que pueden producir vientos de más de 118 kilómetros por hora y crear como resultado grandes olas. Pero la tormenta narrada en Jonás era cualitativamente diferente de cualquier otra ola que pudiera surgir de forma natural. Jonás 1.4 explica que «Jehová hizo levantar un gran viento en el mar», indicando que su causa era *sobre*natural. Los experimentados marineros con los que viajaba Jonás, hombres que habían cruzado las aguas del Mediterráneo toda su vida, nunca se habían encontrado antes con algo parecido. No cabe duda de que sobrevivieron para contar historias de incontables tormentas en sus muchos viajes, pero quizá ninguna había sido como esta. El viento recio parecía enojado y vengativo, al golpear al indefenso barco contra las barricadas masivas del continuo oleaje. El machihembrado de tablas que formaban el casco comenzó a astillarse y separarse bajo tan terrible presión. Ola tras ola inundaban la borda, cada una parecida a una ola descomunal en su implacable furia e inexplicable magnitud. La tripulación aterrada, aferrándose y temiendo que no sobrevivirían, clamaba de pánico y desesperación. Esa tormenta parecía personal. Y sin duda lo era.

UN PÍCARO PROFETA

Mientras los marineros gentiles se afanaban por sobrevivir con desesperación, achicando agua y tirando por la borda cualquier carga que no fuera necesaria, un profeta hebreo —en apariencia— ajeno a las circunstancias estaba profundamente dormido en la bodega del barco. La nave se movía de un lado a otro, pero increíblemente Jonás no. Fue solo cuando el capitán del barco le despertó lo que hizo que Jonás fuera consciente del caos y el gran peligro de la tormenta.

Sin embargo, una vez despierto, Jonás ya estaba en medio de gran peligro. Cuando la tripulación echó suertes para ver a quién culpar por la ira de los dioses, Jonás fue señalado y sus sospechas se confirmaron: él era el objetivo de Dios en la tempestad. Esa tormenta, de hecho, el Señor la había enviado para castigarle por su flagrante desobediencia y para detenerle, de modo que no siguiera huyendo aun más lejos. Con sus rostros desconcertados y ansiosos, los marineros paganos miraban a Jonás en busca de una explicación.

Entonces le dijeron ellos: Decláranos ahora por qué nos ha venido este mal. ¿Qué oficio tienes, y de dónde vienes? ¿Cuál es tu tierra, y de qué pueblo eres? Y él les respondió: Soy hebreo, y temo a Jehová, Dios de los cielos, que hizo el mar y la tierra. Y aquellos hombres temieron sobremanera,

y le dijeron: ¿Por qué has hecho esto? Porque ellos sabían
que huía de la presencia de Jehová, pues él se lo había decla-
rado. (Jonás 1.8–10)

Un poco tiempo antes, quizá solo unas semanas o incluso
días, el Señor se había acercado a Jonás con una orden sencilla: «Levántate y ve a Nínive, aquella gran ciudad, y pregona
contra ella; porque ha subido su maldad delante de mí» (Jonás
1.2). El mandato era claro y directo: predica un mensaje de
arrepentimiento o juicio a los asirios en su ciudad capital de
Nínive. Para Jonás, sin embargo, someterse a ese mandato era
algo extraordinariamente difícil. En vez de dirigirse al este
hacia Asiria, el titubeante profeta huyó en la dirección opuesta. Se subió a un barco que se dirigía a Tarsis, el puerto más
al oeste del Mar Mediterráneo, cerca de la actual Gibraltar en
España. Pero pronto aprendería por las malas que es peligroso
intentar escapar de Dios (cp. Salmo 139.7–12).

Jonás tenía sus razones para huir en dirección contraria a
Nínive. La capital asiria estaba situada junto al río Tigris (en
el actual Irak) y albergaba una población de seiscientos mil,
haciéndola una metrópolis excepcionalmente grande para ese
tiempo. La ciudad fue construida originalmente por Nimrod,
el bisnieto de Noé, que quizás se encargó de la construcción de
la torre de Babel (Génesis 10.8–11; 11.1–9). Se había convertido en la capital de una nación enemiga pagana y representaba
todo lo malo que los israelitas odiaban.

Nínive era tan malvada como imponente. Los asirios eran
un pueblo notoriamente brutal y malvado. Los reyes asirios
alardeaban de las maneras tan horribles en que masacraban a
sus enemigos y mutilaban a sus cautivos, desde la desmembra-
ción a la decapitación o la quema de prisioneros vivos y otras
formas de tortura indescriptiblemente morbosas. Suponían un
claro peligro para la seguridad nacional de Israel. Solo unas

décadas después de la misión de Jonás, los asirios conquistarían las tribus del norte de Israel y las harían cautivas (en el 722 A.C.), de donde ya nunca regresarían.

Jonás, que ministró en el reino del norte de Israel durante el gobierno del rey Jeroboam II (793–758 A.C.), había profetizado que las fronteras de Israel serían restauradas mediante las victorias militares de su rey (2 Reyes 14.25). Llevar, por tanto, un mensaje de arrepentimiento y esperanza a los odiados enemigos paganos de Israel era algo impensable. Los asirios eran una civilización de terroristas asesinos empeñados en la aniquilación violenta de todo aquel que se interpusiera en su camino. Si alguien merecía el juicio de Dios, pensaban Jonás y los israelitas, eran los ninivitas. No eran dignos de la compasión y el perdón divinos.

Claro está, Dios era totalmente consciente de la iniquidad de Nínive. De hecho, un siglo después de Jonás y el arrepentimiento de los ninivitas, el Señor condenó a una subsiguiente generación en la misma ciudad mediante el profeta Nahúm por su arrogancia, engaño, idolatría, sensualidad y violencia. Pero antes de ejecutar su ira en esa futura generación, Dios decidió primero ofrecer a la gente de Nínive misericordia y perdón mediante el arrepentimiento y la confianza en Él. Jonás tenía el encargo de llevar ese mensaje.

Pero el rebelde profeta no quería que los enemigos de Israel recibieran misericordia. Sabía que el Señor perdonaría a los ninivitas si se arrepentían y no le gustaba nada esa idea (cp. Jonás 4.2). Así que decidió no ofrecerles ese mensaje y subió a un barco con dirección al oeste.

El odio de Jonás hacia los pecadores, independientemente de cómo lo racionalizara, le ponía en una posición peligrosa. Como profeta de Dios, seguramente conocía su obligación, pero prefería recibir el castigo del Señor (viéndolo como un mal menor), que ser el instrumento de las conversiones gentiles.

¡Esa es una perspectiva muy extraña para un predicador! Quizá también pensaba que alejándose lo suficiente, en la dirección opuesta, ya no estaría disponible para realizar la tarea, y Dios tendría que encontrar a otra persona que fuera a Nínive. No podía estar más equivocado.

ISRAEL: UNA NACIÓN DE MISIONEROS

Aunque esa desobediencia reacia estaba en este hombre, era síntoma de un fallo nacional de épicas proporciones. Cuando Jonás se rebeló contra el mandamiento del Señor, y corrió en la dirección contraria, personificaba al fallo colectivo de la nación de Israel en cuanto a cumplir la misión que Dios les había encomendado. Desde el principio, el Señor eligió a Israel para que fuera una nación de misioneros. Como su pueblo escogido, debían ser luz para los gentiles, un pueblo tan apasionado con su devoción al Señor y su celo porque otras naciones amaran y adoraran al verdadero Dios que su testimonio colectivo retumbaría por todo el mundo.

De dentro de Israel, el Señor seleccionó hombres especiales para ser sus profetas y dirigir la tarea misionera. Les llamó para confrontar la apatía de Israel y también para proclamar un mensaje de arrepentimiento a las naciones vecinas, advirtiéndoles del inminente juicio de Dios. Un repaso desde Isaías hasta Malaquías revela que los profetas no solamente enfocaban su atención en las responsabilidades del pueblo de Israel y Judá. También se dirigieron a Amón, Asiria, Babilonia, Edom, Egipto, Elam, Hazor, Cedar, Media y Persia, Moab, Filistea, Fenicia, Siria, Tiro y a todos los gentiles que no se habían arrepentido. En su mayoría, los profetas hebreos ministraron dentro de los límites de Israel y Judá, aunque dieron advertencias a otras naciones. Pero el llamado de Jonás era único. Debía viajar más allá de los límites de Israel y predicar a los asirios en su ciudad capital.

Aunque los verdaderos profetas ministraron con fidelidad, el pueblo de Israel colectivamente rechazó a los predicadores que Dios había ordenado y no cumplió con su tarea misionera. Lejos de cumplir su mandato evangelístico a las naciones circundantes, habían sido arrogantes y apáticos en su propia fe y adoración. Por eso, el mandamiento del Señor para Jonás, de ir y predicar arrepentimiento a Nínive, fue algo más que una tarea misionera. Jonás fue enviado a Nínive en parte para avergonzar a Israel con el hecho de que una ciudad pagana se arrepintiera tras la predicación de un extraño, mientras que Israel no se arrepentía y obedecía a Dios aunque le predicaron muchos profetas. El hecho de que los ninivitas respondieran, mientras que Israel caminaba en una obstinada incredulidad, fue una aguda reprensión para la nación escogida de Dios. Siglos después, Jesús mismo usaría de forma similar a los ninivitas para amonestar a los incrédulos fariseos de su época. La ciudad malvada de Nínive se arrepintió por la predicación de un profeta reticente, pero los fariseos rehusaron arrepentirse por la predicación del mayor de todos los profetas, a pesar de la exagerada evidencia de que era realmente su Señor y Mesías.

Aunque la mayoría de los cristianos conocen los nombres de los profetas hebreos, tales como Jeremías, Ezequiel, Oseas y Joel, los libros proféticos del Antiguo Testamento representan algunos de los territorios más desconocidos de toda la Biblia. Los profetas menores (desde Oseas hasta Malaquías) en particular son una parte con frecuencia descuidada para muchos creyentes. (Se les llama profetas «menores» por su relativa brevedad, no porque sean menos importantes que los otros libros proféticos.) Jonás quizá sea el único profeta menor que todos conocen. Incluso los no creyentes han oído su sorprendente historia.

A decir verdad, el ejemplo de Jonás es muy negativo, y me refiero a que ilustra lo que no debemos hacer. Este profeta gruñón que retrocede, mediante su actitud y acciones titubeantes, nos aporta un gráfico retrato de un ministerio que fue extremadamente malo. La mayoría de las personas pensarían que debería haber sido apartado para no volver a oír más de él. Sin embargo, Dios obró a través de él para realizar una campaña de predicación que produjo que cientos de miles se salvaran. Y esto es lo que le hace estar en la lista de héroes.

El libro de Jonás nos enseña que incluso cuando el predicador es reticente a la hora de ver salvos a los pecadores, Dios no lo es para salvarles. La compasión del Señor por los incrédulos quedó muy clara, como un agudo contraste con la insensible falta de confianza de Jonás.

UN HOMBRE POR LA BORDA

El intento de Jonás por alejarse de Dios no terminó bien para el recalcitrante misionero. La rebeldía espiritual cosecha lo que siembra, ya que Dios corrige y reprende a los que ama (Hebreos 12.6). En el caso de Jonás, esa corrección llegó de una manera drástica y veloz, cuando una furiosa tormenta se tragó el barco con el que se dirigía a Tarsis.

Después de identificar a Jonás como el objetivo de la tormenta, los aterrados marineros pidieron de él una manera de aplacar la ira de su Dios.

> Y le dijeron: ¿Qué haremos contigo para que el mar se nos aquiete? Porque el mar se iba embraveciendo más y más. Él les respondió: Tomadme y echadme al mar, y el mar se os aquietará; porque yo sé que por mi causa ha venido esta gran tempestad sobre vosotros. (Jonás 1.11–12)

Dios se habría agradado si el profeta hubiera caído de rodillas arrepentido y hubiera prometido dirigirse a Nínive. Una respuesta tal hubiera detenido las olas. Sin embargo, Jonás tercamente pidió que le arrojaran al mar. En verdad, estaba diciendo que prefería morir que cumplir su misión con los ninivitas. Tristemente, los marineros paganos mostraron mucha más compasión con Jonás que la que él mostraba hacia los asirios. En vez de tirarle inmediatamente por la borda con la esperanza de que acabara el peligro, intentaron luchar contra las olas y llevar el barco hasta la orilla. Aunque sus intenciones eran buenas, sus esfuerzos fracasaron. Antes que escoger otra opción, accedieron a llevar a cabo la petición de Jonás y

...clamaron a Jehová y dijeron: Te rogamos ahora, Jehová, que no perezcamos nosotros por la vida de este hombre, ni pongas sobre nosotros la sangre inocente; porque tú, Jehová, has hecho como has querido. Y tomaron a Jonás, y lo echaron al mar; y el mar se aquietó de su furor. (vv. 14–15)

El carácter sobrenatural de la creciente tormenta fue inmediatamente evidente tan pronto como Jonás tocó el agua: el viento se detuvo al instante y las enormes olas desaparecieron. Los atónitos marineros respondieron con una reverente fe y arrepentimiento: «Y temieron aquellos hombres a Jehová con gran temor, y ofrecieron sacrificio a Jehová, e hicieron votos» (v. 16). A pesar de la determinada desobediencia de Jonás, Dios le usó para mostrar su poder a una tripulación de marineros gentiles. El Señor haría lo mismo por Nínive, alcanzando esa población pagana y llevándoles a una fe penitente mediante el mismo predicador reticente.

Jonás se había ido y también la tormenta. Mientras aparecía bajo la superficie del océano, el náufrago suicida seguramente pensó que había escapado de su indeseada misión. Pero el Señor no había terminado aún con él. En lugar de permitir que se ahogara, «Jehová tenía preparado un gran pez que tragase a Jonás; y estuvo Jonás en el vientre del pez tres días y tres noches» (v. 17).

DESDE EL ESTÓMAGO DEL PEZ

Aunque se ha idealizado mucho como un clásico de la escuela dominical, los tres días que Jonás estuvo dentro del pez fueron indescriptiblemente horribles. Alojado en la reducida y húmeda oscuridad, quizás era incapaz de moverse y apenas podía respirar debido al sofocante hedor. Los ácidos gástricos del estómago del pez carcomían su piel; y el continuo movimiento del pez combinado con la cambiante presión de las profundidades del océano debió de haber sido totalmente nauseabundo. Aunque se ha intentado dar una explicación científica a la supervivencia de Jonás, lo mejor es entender este destacado acontecimiento como un milagro divino. El Señor preparó el pez para que se tragara a Jonás y lo protegió de forma sobrenatural. (Como la palabra hebrea para *«ballena»* no se usa, probablemente el anfitrión de Jonás no fuera un mamífero de sangre caliente, lo cual haría que su agonía mojado en el frío fuera algo inimaginable.)

En medio de su angustia, el humillado profeta clamó por su liberación. Su oración de arrepentimiento, narrada en Jonás 2, es una de las más conmovedoras de toda la Escritura, un clamor desde agobiantes circunstancias:

Invoqué en mi angustia a Jehová,
y él me oyó;
Desde el seno del Seol clamé,
y mi voz oíste.
Me echaste a lo profundo,
en medio de los mares,
y me rodeó la corriente;
todas tus ondas y tus olas pasaron sobre mí.
Entonces dije: Desechado soy de delante de tus ojos;
mas aún veré tu santo templo.

Las aguas me rodearon hasta el alma,
rodeóme el abismo;
El alga se enredó a mi cabeza.
Descendí a los cimientos de los montes;
la tierra echó sus cerrojos sobre mí para siempre;
Mas tú sacaste mi vida de la sepultura,
oh Jehová Dios mío.
Cuando mi alma desfallecía en mí,
me acordé de Jehová,
y mi oración llegó hasta ti
en tu santo templo.
Los que siguen vanidades ilusorias,
su misericordia abandonan.
Mas yo con voz de alabanza
te ofreceré sacrificios;
pagaré lo que prometí.
La salvación es de Jehová. (Jonás 2.2–9)

El hombre que retrocedió al pensar que Dios extendería su misericordia a Asiria, rogaba al Señor por gracia y compasión desde las profundidades de su propia desesperación. Y Dios respondió con misericordia a su oración.

La oración de Jonás indica que se hundió mucho bajo la superficie antes de que le tragara el pez. Su referencia al «Seol» no significa necesariamente que muriera; es más probable que se refiriera a las catastróficas circunstancias que rodearon su experiencia a punto de morir. Fue ahí, sumergido en lo profundo del océano, cuando Jonás le pidió al Dios del que estaba huyendo que acudiera a él. Reconoció la poderosa presencia del Señor (en los versículos 1–6) y su gracia salvadora (en los versículos 7–9). Ahogándose bajo el peso de la mano justa de Dios, Jonás oró pidiendo liberación y compasión al Juez mismo.

Tres días después, un profeta mojado, despeinado y cubierto de baba se derrumbaba con un fétido olor en la arena de la playa. Acababa de ser violentamente expulsado de su prisión gástrica por un pez que había soportado tres días de indigestión para que el Señor pudiera enseñarle una lección a Jonás. Pero el profeta rebelde se había arrepentido. Cuando la palabra del Señor llegó a Jonás por segunda vez, accedió a obedecer.

JONÁS VA A LA «CIUDAD DE LOS PECES»

La compasión del Señor con Jonás no solo resultó en el rescate del profeta sino también en su restauración a un ministerio útil. En Jonás 1.2, Dios le había pedido al profeta que fuera a Nínive, pero Jonás desobedeció. Dos capítulos (y varios eventos traumáticos) después, el Señor volvió a dar la misma orden: «Levántate y ve a Nínive, aquella gran ciudad, y proclama en ella el mensaje que yo te diré» (Jonás 3.2). Esta vez Jonás se sometió por completo, viajando al este hasta la capital de Asiria.

Nínive estaba situada a orillas del río Tigris, aproximadamente a setecientos cincuenta kilómetros al noreste de Israel. Según los historiadores, magníficos muros de casi doce kilómetros de longitud rodeaban la ciudad interior, y el resto de la ciudad y los distritos circundantes ocupaban un área con una circunferencia de casi cien kilómetros. El nombre de Nínive se cree que procede de «*ninus*» (por Nimrod, el fundador de la ciudad), y significa la residencia de Nimrod o «*nunu*», que es la palabra acadia para «*pez*». Así, el nombre de la ciudad se podría reducir a «ciudad de los peces». Además, la gente adoraba a la princesa pez Nanshe (hija de Ea, la diosa del agua fresca) y al dios pez Dagón, una estatua de un hombre con cabeza de pez. Como indican estos ejemplos, los peces eran muy importantes para los ninivitas, lo cual probablemente explica por qué tuvieron tanto interés en Jonás, y su historia del pez, cuando él llegó por primera vez a la ciudad. (Se ha sugerido incluso que los ácidos del estómago del pez blanquearon la piel de Jonás, de tal forma que probablemente llegó a Nínive con un blanco peculiar, casi con la apariencia de un fantasma.)

El mensaje de Jonás era mucho más que la historia de un pez. Era una amenaza: «De aquí a cuarenta días Nínive será destruida» (Jonás 3.4). Lo que ocurrió después fue un milagro más extremo y sorprendente de lo que había sido la tormenta sobrenatural y que el pez se tragara al profeta. El texto declara el milagro de una manera seriamente moderada: «Y los hombres de Nínive creyeron a Dios» (Jonás 3.5). Esas pocas palabras describen el avivamiento a mayor escala narrado en el Antiguo Testamento, ya que la población entera de Nínive, de cientos de miles de personas, se arrepintió y se volvió al Señor.

¿Qué hizo que los ninivitas fueran tan receptivos al mensaje de Jonás? Algunos eruditos han sugerido que las derrotas militares, o la inquietud civil, o los fenómenos naturales (como terremotos y eclipses) podían haber condicionado a la gente para estar listos para recibir la advertencia del profeta. Sin embargo, en realidad no hay ninguna explicación natural para una conversión masiva. No obstante, hay una explicación sobrenatural: el Señor fue delante de Jonás y preparó los corazones de los ninivitas. Para lograr su soberano propósito de salvación, usó a un profeta rebelde para llevar a un pueblo rebelde a la fe en Él mismo.

El alcance total de su arrepentimiento se explica en Jonás 3.5–9. Todos los ciudadanos, incluido el rey mismo, respondieron con un sentido pensar:

Y los hombres de Nínive creyeron a Dios, y proclamaron ayuno, y se vistieron de cilicio desde el mayor hasta el menor de ellos. Y llegó la noticia hasta el rey de Nínive, y se levantó de su silla, se despojó de su vestido, y se cubrió de cilicio y se sentó sobre ceniza. E hizo proclamar y anunciar en Nínive, por mandato del rey y de sus grandes, diciendo: Hombres y animales, bueyes y ovejas, no gusten cosa alguna; no se les dé alimento, ni beban agua; sino cúbranse de cilicio hombres y animales, y clamen a Dios fuertemente; y conviértase cada uno de su mal camino, de la rapiña que hay en sus manos. ¿Quién sabe si se volverá y se arrepentirá Dios, y se apartará del ardor de su ira, y no pereceremos?

El rey, tal vez identificado como Adad-ninari III (ca. 810–783 A.C.) o Assurdan III (ca. 772–755 A.C.), intercambió sus túnicas reales por cilicio y cenizas. En una muestra pública de lamento personal y para simbolizar un arrepentimiento nacional, el monarca asirio le rogó al Dios verdadero que les diera misericordia y perdón. Tal como había hecho con Jonás, el Señor respondió la oración del rey. «Y vio Dios lo que hicieron, que se convirtieron de su mal camino; y se arrepintió del mal que había dicho que les haría, y no lo hizo» (v. 10).

Un impacto tan asombroso sobre toda una nación mediante un profeta con muchas imperfecciones que se arrepintió es un ejemplo de la gracia de Dios al hacer héroes con personas inconcebibles.

LA REACCIÓN AIRADA DE JONÁS

La mayoría de los misioneros estarían eufóricos si obtuvieran una respuesta tan abrumadora a su mensaje. Pero ese no fue el caso de Jonás. Su actitud de odio y prejuicio con los asirios seguía estando firmemente incrustada en él. Si la ciudad de Nínive se arrepentía, significaba que no sería juzgada; y este celoso israelita no estaba contento con esa posibilidad:

Pero Jonás se apesadumbró en extremo, y se enojó. Y oró a Jehová y dijo: Ahora, oh Jehová, ¿no es esto lo que yo decía estando aún en mi tierra? Por eso me apresuré a huir a Tarsis; porque sabía yo que tú eres Dios clemente y piadoso, tardo en enojarte, y de grande misericordia, y que te arrepientes del mal. Ahora pues, oh Jehová, te ruego que me quites la vida; porque mejor me es la muerte que la vida. (Jonás 4.1–3)

Increíblemente, ¡Jonás prefería la muerte que la salvación de sus enemigos! No es de extrañar que huyera hacia Tarsis, se quedara dormido en medio de la tormenta y se ofreciera de voluntario para ser arrojado por la borda. Si hubiera tenido la oportunidad, ¡Jonás habría preferido morir antes que predicar a los ninivitas! Pero su rebeldía no pudo anular la gracia soberana de Dios; el Señor usó a Jonás para lograr sus propósitos salvadores a pesar de las insignificantes protestas del profeta.

La oración de Jonás no solo expuso su propio prejuicio y orgullo, sino que también exhibió la bondad y la compasión de Dios. En su infinita misericordia y gracia, el Señor puede rescatar a cualquier pecador, incluso a alguien tan malo como el rey pagano de una nación bárbara. Jonás reconoció la magnitud de la gracia de Dios, por lo cual en un principio corrió en dirección contraria; él no quería tener nada que ver con que el perdón divino llegara a los hostiles enemigos de Israel. Irónicamente, cuando Jonás mismo tuvo problemas, clamó pidiendo la misericordia de Dios. Pero cuando el Señor extendió su gracia a otros, Jonás se llenó de rencor. Cuando Dios detuvo su ira contra los ninivitas, se avivó la ira del profeta.

Con una molesta incredulidad, enojado con que su misión profética hubiera tenido tanto éxito, Jonás acampó en las afueras de Nínive para ver si quizá Dios juzgaba a la nación. Evidentemente, esperaba que el arrepentimiento del pueblo hubiera sido hipócrita y superficial a fin de que el Señor les destruyera aun al cabo de los cuarenta días. El profeta construyó apresuradamente un refugio temporal para cobijarse del abrasante sol y esperó para ver cómo iba todo.

UNA LECCIÓN FINAL OBJETIVA

Mientras Jonás se sentaba contrariado en su cueva en el lado oriental de Nínive, el Señor hizo que creciera instantáneamente una planta detrás de él, aportándole al melancólico profeta algo de alivio fresco del sofocante sol asirio. No se sabe con certeza qué tipo de planta fue, aunque pudo haber sido una de aceite de ricino, la cual crece rápidamente, y más aun en climas calientes, y da sombra con sus hojas demasiado grandes. Aparte de qué variedad fuera, esa planta frondosa creció de forma *milagrosamente* rápida, cubriendo de inmediato el inadecuado cobijo de Jonás y proporcionándole protección del sol directo.

El texto dice que Jonás estaba agradecido por la planta, pero a la mañana siguiente, cuando Dios envió un gusano para comérsela, la ira del profeta se volvió a encender. La situación empeoró cuando el Señor envió un viento cálido del este (llamado «siroco»), el cual derribó el refugio de Jonás y le hizo tener que estar expuesto al calor extremo. Del mismo modo en que Dios había enviado un gran viento en el mar para afectar a Jonás (1.4), preparó ese viento cálido desértico con la misma intención: humillar a su siervo y enseñarle una lección espiritual vital.

Y, como era de esperar, el profeta quejoso e incrédulo una vez más deseó la muerte. Como había hecho todo el tiempo, el Señor le respondió con una paciencia inmerecida:

> Entonces dijo Dios a Jonás: ¿Tanto te enojas por la calabacera? Y él respondió: Mucho me enojo, hasta la muerte. Y dijo Jehová: Tuviste tú lástima de la calabacera, en la cual no trabajaste, ni tú la hiciste crecer; que en espacio de una

noche nació, y en espacio de otra noche pereció. ¿Y no tendré yo piedad de Nínive, aquella gran ciudad donde hay más de ciento veinte mil personas que no saben discernir entre su mano derecha y su mano izquierda, y muchos animales? (Jonás 4.9–11)

La perspectiva de Jonás estaba completamente al revés y era totalmente egoísta. Estaba demasiado preocupado por una planta de sombra que vivió poco tiempo y que le protegía dándole comodidad, pero no tenía compasión alguna por toda la población de Nínive, incluyendo 120 mil niños pequeños (que no pueden discernir entre su mano derecha e izquierda). Se dirigían al castigo eterno si no se arrepentían, pero Jonás era tan terco e insensible que no era simplemente indiferente a su peligro eterno, sino que *quería* que el juicio cayera sobre ellos. En su desprecio, se habría alegrado si Dios hubiera condenado a la ciudad entera enviándoles al infierno. El profeta egocéntrico básicamente estaba diciendo: «Salva a la planta para que yo tenga un alivio temporal, pero condena al pueblo a un tormento eterno». Sin embargo, el amor de Dios por los ninivitas era claramente distinto al retorcido desprecio de Jonás.

El terco y prejuicioso profeta había estado actuando por su propio interés, pero el Señor quería que pusiera el mensaje eternamente importante de salvación por encima de sus propias preocupaciones miopes y sus comodidades triviales. ¿Cómo podía estar preocupado por una planta cuando cientos de miles de almas estaban jugándose su juicio y él tenía la oportunidad de ver su salvación?

El libro de Jonás termina de manera abrupta, con esas últimas palabras del Señor formando su repentina conclusión. Pero la lección para Jonás era inequívocamente clara, y esa misma lección es vitalmente importante que todos los creyentes la aprendamos. Como Jonás, puede que nos veamos tentados a permitir que nuestros propios temores, prejuicios o intereses egoístas inhiban que demos testimonio del evangelio. Pero cuando priorizamos el mensaje del evangelio y lo ponemos por encima de nuestra propia agenda personal, damos gloria a Dios al avanzar los propósitos de su reino por el mundo.

LO QUE JONÁS NOS ENSEÑA ACERCA DE DIOS

Como todos los relatos bíblicos que hemos estudiado hasta ahora, la historia de Jonás trata *principalmente* acerca de Dios. Él es el mayor héroe de la historia, el que salva a Nínive a pesar de los intentos rebeldes del profeta por abortar la misión. Aunque el libro es relativamente corto, sin embargo desvela tres verdades profundas e inolvidables acerca del carácter de Dios.

En primer lugar, la historia de Jonás enfatiza el hecho de que Dios es el Creador soberano. A lo largo de toda la narrativa, se le recuerda continuamente al lector que el Señor está controlando todas las circunstancias de Jonás. Es Dios quien envía el viento, provoca la tormenta, calma el mar, prepara el pez, hace crecer la planta, envía el gusano y después vuelve a enviar el viento. Los marineros paganos reconocen el poder del Señor sobre la creación y le adoran como consecuencia de ello. El rey pagano de Nínive igualmente reconoce la mano soberana de Dios. Es sorprendente que la única persona que resiste a Dios sea Jonás, el profeta de Israel que reconoció la soberanía del Señor con sus labios (Jonás 1.9) y sin embargo se rebeló contra ella con su vida.

En segundo lugar, el relato de Jonás nos recuerda que Dios es el Juez supremo. De hecho, este fue el mensaje que el profeta tenía que entregar a los asirios. Tras cuarenta días, su ciudad se convertiría en el centro de la ira divina; pero el juicio de Dios nunca cayó sobre pueblo de Nínive. En cambio, solo llegó en forma de castigo contra Jonás por su desobediencia deliberada.

Reconociendo que su destino era inminente, los ninivitas se arrepintieron y la ira de Dios contra ellos se detuvo.

Finalmente, la historia de Jonás reitera el hecho de que Dios es el Salvador, y que su bondad no está limitada por nuestros conceptos cargados de prejuicios. El profeta Jonás pensaba que los asirios estaban más allá del alcance de la misericordia de Dios. Después de todo, ¡eran los brutales, idólatras y gentiles enemigos de Israel y del Dios de Israel! Pero el Señor le mostró a Jonás que su gracia salvadora llega a todos los que se arrepienten y creen en Él. De esta forma, el libro de Jonás encierra el mensaje de salvación. Cuando los pecadores reconocen al Señor como Creador soberano y Juez del universo y claman a Él pidiendo misericordia, Él los salva misericordiosamente de la ira divina, dándoles en cambio vida eterna.

Estas tres verdades apuntan al corazón del evangelio. Los pecadores son criaturas que han quebrantado la ley de Dios. Les espera la ira y, sin embargo, Él les ofrece perdón y salvación mediante el sacrificio de su Hijo, Jesucristo. Jesús mismo usó al profeta Jonás, y los tres días que pasó en el estómago del pez, como una ilustración de su propia muerte y resurrección. En Mateo 12.40, Jesús le dijo a la multitud que había reunida: «Porque como estuvo Jonás en el vientre del gran pez tres días y tres noches, así estará el Hijo del Hombre en el corazón de la tierra tres días y tres noches». Tres días después de ser crucificado, Cristo resucitó triunfante de la muerte, demostrando una vez y para siempre que es el Salvador del mundo. Quienes se arrepienten de sus pecados y creen en Él, sean judíos o gentiles, serán salvos (Romanos 10.9–10).

Aunque no somos profetas del Antiguo Testamento como lo era Jonás, hemos recibido una misión similar a la suya. Como creyentes del Nuevo Testamento, nuestro mandato es llevar el evangelio a los perdidos, proclamándoles la realidad del juicio venidero y la esperanza de salvación (véase Mateo

28.18–20). Cuando resistimos esta responsabilidad, ya sea por temor, orgullo o alguna preocupación con cosas triviales, caemos en la misma trampa que Jonás. Pero cuando somos fieles y obedecemos al Señor de esta manera, experimentamos la maravillosa bendición de ser usados por Él para hacer avanzar su reino. No hay mayor gozo que ver a los pecadores recibir las buenas nuevas de salvación. Como les dijo el apóstol Pablo a los romanos, citando a Isaías: «¡Cuán hermosos son los pies de los que anuncian la paz, de los que anuncian buenas nuevas!» (Romanos 10.15).

7

ESTER: PARA UN MOMENTO COMO ESTE

~~~

Y Ester dijo que respondiesen a Mardoqueo: Ve y reúne a todos
los judíos que se hallan en Susa, y ayunad por mí, y no comáis
ni bebáis en tres días, noche y día; yo también con mis doncellas
ayunaré igualmente, y entonces entraré a ver al rey, aunque no sea
conforme a la ley; y si perezco, que perezca.

—ESTER 4.15–16

CORRÍA EL AÑO 480 A.C. UN GRAN EJÉRCITO PERSA
marchaba con incansable determinación para hacer
frente a las fuerzas rebeldes de Atenas y sus aliados
griegos. Antiguas fuentes calculan que el ejército persa tendría millones de hombres; eruditos modernos creen que quizás
fueran cientos de miles. En cualquier caso, era un despliegue
impresionante de fuerza militar.

En ese tiempo, el Imperio Persa (o aqueménide) abarcaba
desde la actual Libia —en África— hasta Pakistán en Asia. Era
el mayor imperio de la historia hasta ese momento, con unos
cincuenta millones de personas residiendo dentro de sus fronteras. Tras haber conquistado al Imperio Babilónico (caldeo)
en el año 539 A.C., los persas consiguieron dominar el mundo
del Medio Oriente durante dos siglos.

Al principio, bajo el mando de Darío I (550–486 A.C.), habían conquistado regiones de Grecia, pero los ejércitos de Darío fueron derrotados por los atenienses en la famosa batalla de Maratón, en el año 490 A.C. Furioso y sin inmutarse, Darío decidió someter a sus enemigos griegos. Al regresar a casa, comenzó a formar un gran ejército, pero murió antes de poder calmar su sed de venganza.

La búsqueda de venganza recayó sobre su hijo, Jerjes I (519–465 A.C.), que subió al poder en el 486. Al tomar el trono, el nuevo líder tuvo que hacer frente a rebeliones dentro de su imperio, desde Egipto y Babilonia, las cuales subyugó con éxito. Jerjes, involucrado en las revueltas, no pudo poner su mira en Grecia de inmediato, hasta el 481, cuando estaba al fin preparado para atacar. Su fuerza de 250 mil hombres estaba situada en la actual Turquía, esperando órdenes para cruzar hasta Grecia. Deseoso de vengar el honor y orgullo de su padre, Jerjes estaba confiado en su victoria, sobre todo porque su ejército superaba en mucho al del enemigo.

Pero las cosas no fueron como Jerjes esperaba. Aunque sus ejércitos llegaron a Atenas y saquearon la ciudad, los griegos finalmente derrotaron a los persas (en el 479) y les expulsaron de Grecia. Varias batallas drásticas hicieron que la inesperada victoria griega fuera legendaria. En la famosa batalla de las Termópilas (en el 480), una fuerza relativamente pequeña de soldados griegos fue capaz de retener al ejército persa que era mucho mayor durante varios días, hasta que su posición fue flanqueada y se vieron obligados a retroceder. Para asegurar el repliegue del ejército griego, un grupo de trescientos espartanos y otros cientos se quedaron detrás y lucharon hasta la muerte. Su valiente y larga resistencia se convirtió de inmediato en un clamor de unidad para la causa mayor griega y una leyenda icónica de heroicidad a lo largo de la historia. Incluso en tiempos modernos, el climático fin de la batalla se ha inmortalizado a través de canciones, discursos, obras literarias y películas.

Un mes después de las Termópilas, la fuerza naval persa, que consistía en cientos de barcos de guerra, sufrió una gran derrota en la batalla de Salamis. Sabiendo que eran menos en número, los griegos atrajeron a los persas a los estrechos de Salamis. En los apretados canales, el tamaño de la voluminosa marina persa resultó ser una gran desventaja, puesto que su flota resultó ser inmanejable y desorganizada. Los griegos se aprovecharon de la ventaja y destruyeron unos trescientos barcos enemigos.

Con gran parte de su flota hundida, el derrotado Jerjes se vio obligado a huir de vuelta a Persia con la mayoría de su ejército. Dejó a su general Mardonius en Grecia para seguir luchando, aunque con un número de soldados mucho menor. Las restantes fuerzas persas al fin fueron derrotadas por los griegos en agosto del año 479, en la batalla de Platea. Contra todo pronóstico, los atenienses y sus aliados derrotaron a un ejército invasor mucho mayor. Su victoria marcó un gran giro en las guerras grecopersas y moldeó la historia de la civilización occidental inclinando la balanza de poder hacia Grecia. Bajo Alejandro Magno, ciento cincuenta años después, el Imperio Persa fue derrotado en forma definitiva.

Pero, ¿qué tiene que ver toda esta historia antigua con el relato bíblico de Ester? El emperador a quien los griegos llamaron *Jerjes*, era conocido en Persia como *Khsayarsha*, y en hebreo como *Achashverosh*. Nuestra Biblia translitera su nombre como *Asuero*. ¡Es el rey que aparece en el libro de Ester! En la perfecta providencia de Dios, el hombre que intentó conquistar Grecia con al menos doscientos cincuenta mil soldados, el gobernador del imperio más poderoso del mundo en ese entonces, ese hombre sucumbiría con su corazón ante el encanto y belleza de una joven huérfana judía llamada Ester. Cuando se presentó la oportunidad, ella usó su influencia con el rey para salvar a su pueblo de la aniquilación.

El libro que lleva su nombre no fue escrito por Ester, sino acerca de ella. Quizá el autor que el Espíritu Santo usó fue su familiar Mardoqueo, o Esdras, o Nehemías, o cualquier otro judío que vivía en Persia. Quienquiera que escribiera esta historia poseía un conocimiento detallado de las costumbres y de la historia de Persia, así como de los detalles judíos que incluyen un fuerte sentimiento de nacionalismo hebreo. Todo eso entra en acción en el destacado laberinto de esta historia.

LA PRIMERA REINA ES DEPUESTA

El libro comienza describiendo el expansivo reino de Asuero, observando que el Imperio Persa iba desde Etiopía hasta los márgenes occidentales de India. Asuero era nieto de Ciro el Grande (ca. 600–530 A.C.), el dirigente persa que permitió que los judíos regresaran a casa después de setenta años de cautividad en Babilonia (cp. Esdras 1.1–4). Aunque muchos judíos regresaron a Israel en ese tiempo, otros permanecieron asentados y esparcidos por todo el Imperio Persa.

A los varios años de su reinado Asuero reunió a los príncipes y nobles de Persia para asistir a una convención de seis meses en la capital de Susa (Ester 1.3–4). Esa reunión, que ocurrió en el 483 A.C., era sin duda alguna una actividad estratégica para planear la guerra, durante la que el rey y sus consejeros reales hicieron los preparativos finales para la antes mencionada invasión a Grecia. Confiado en que sus fuerzas militares saldrían triunfantes, Asuero terminó la reunión con un banquete de siete días para toda la ciudad de Susa. Ester 1.6–7 describe la extravagante celebración de la anticipada victoria:

> El pabellón era de blanco, verde y azul, tendido sobre cuerdas de lino y púrpura en anillos de plata y columnas de mármol; los reclinatorios de oro y de plata, sobre losado de

pórfido y de mármol, y de alabastro y de jacinto. Y daban a beber en vasos de oro, y vasos diferentes unos de otros, y mucho vino real, de acuerdo con la generosidad del rey.

En el séptimo día de la fiesta, Asuero (después de una semana de indulgencia e intoxicación) ordenó a su esposa, la reina Vasti (cuyo nombre griego era *Amestris*), que apareciera ante sus nobles con todas sus vestiduras reales. Para su sorpresa, Vasti rehusó, evidentemente preocupada porque su dignidad se viera empañada al aparecer ante una multitud de espectadores borrachos. Es también posible que la reina estuviera embarazada de su hijo Artajerjes y, por tanto, no se sintiera cómoda para aparecer en público. Cualquiera que fuera la excusa de su esposa, Asuero se puso furioso cuando escuchó que no quería obedecerle y aparecer ante todos sus huéspedes.

Tras discutir la pública insubordinación y vergüenza con sus consejeros reales, que también temían que las acciones de la reina pudieran provocar un movimiento de liberación entre las mujeres (cp. Ester 1.17–18), Asuero decidió degradar a Vasti y encontrar para sí una nueva reina. Como era costumbre en la ley de Persia, el rey anunció sus intenciones dictando un decreto inalterable. Se envió a cada rincón del imperio, declarando que como Vasti había desobedecido al rey, su exaltada posición se le daría a otra persona que lo mereciera más. Aunque duro, Asuero estaba dejando muy clara su idea: nadie, ni siquiera la reina, podía rehusar una orden real sin sufrir las consecuencias.

Como demuestra su respuesta a Vasti, Asuero tenía un temperamento violento. Tan solo un año después, para que su gran ejército marchara desde la actual Turquía a Grecia, Asuero ordenó construir puentes sobre el Helesponto, el estrecho de agua que va desde el mar Negro hasta el Mediterráneo. Pero cuando fueron destruidos los puentes en una tormenta antes de que las tropas pudieran cruzar, Asuero se llenó de furia. Según el antiguo historiador griego, Herodoto, el emperador persa ordenó decapitar a los ingenieros que habían diseñado los puentes. Luego envió soldados al agua con látigos, ¡exigiendo que azotaran al océano trescientas veces por su insubordinación! Sus soldados también arrojaron grilletes al agua y apuñalaron las olas con hierros de marcar al rojo vivo, todo ello para aplacar la arrogante e irracional furia del rey. Vasti y todos los demás aprendieron que violar la voluntad del dictador imperial podía tener consecuencias muy serias.

SE ELIJE UNA NUEVA REINA

Según Ester 2.16, pasaron cuatro años antes de que Asuero seleccionara una nueva reina. Incluso con todos los preparativos necesarios, se podría haber entronado fácilmente a una nueva reina en un plazo de dos años. Entonces, ¿por qué tardó tanto tiempo Asuero en seleccionar el reemplazo de Vasti?

La respuesta se encuentra en la frustrada invasión de dos años de Grecia que realizó Persia, la cual encaja históricamente justo entre la deposición de Vasti (en el 483 o 482 a.c.) y la coronación de Ester (en el 479 o 478). Como ya destacamos, Asuero regresó a Persia en el 480, antes de que terminara la guerra. Frustrado por la situación en Grecia, el rey regresó a su capital (o Susa) solo para toparse con la realidad de que no había reina. Con el esfuerzo de guerra fallido, Asuero necesitaba una distracción. Seleccionar una nueva reina era la diversión perfecta. Como explica Ester 2.1–4:

Pasadas estas cosas, sosegada ya la ira del rey Asuero, se acordó de Vasti y de lo que ella había hecho, y de la sentencia contra ella. Y dijeron los criados del rey, sus cortesanos: Busquen para el rey jóvenes vírgenes de buen parecer; y ponga el rey personas en todas las provincias de su reino,

que lleven a todas las jóvenes vírgenes de buen parecer a
Susa, residencia real, a la casa de las mujeres, al cuidado de
Hegai eunuco del rey, guarda de las mujeres, y que les den
sus atavíos; y la doncella que agrade a los ojos del rey, reine
en lugar de Vasti. Esto agradó a los ojos del rey, y lo hizo así.

En este punto el texto bíblico nos presenta a los dos principales personajes del libro de Ester: dos primos judíos que
vivían en la ciudad de Susa. Eran descendientes de judíos cautivos que habían sido trasladados desde Jerusalén en tiempos
de Nabucodonosor y llevados a Babilonia hacía un siglo, alrededor del 597 a.c. (cp. Ester 2.6). El mayor de ambos, un
hombre llamado Mardoqueo, era apenas quince años mayor
que su prima, una huérfana llamada Ester. Como los padres de
Ester habían muerto cuando ella era muy joven, Mardoqueo la
había criado como a su propia hija (v. 7).

El nombre hebreo de Ester, *Hadasa*, significa «mirto».
Su nombre persa, *Ester*, probablemente venía de una palabra
persa para «estrella», aunque podría derivar de Ishtar, la diosa
babilonia del amor. (Era común que los judíos fuera de Israel
recibieran un segundo nombre pagano, como evidencia Daniel
y sus tres amigos, Daniel 1.7.) El texto bíblico describe a la
joven virgen como «hermosa y de buen parecer» (Ester 2.7), y
los oficiales del rey se dieron cuenta de su belleza exterior, así
que la llevaron al palacio para vivir con las otras bellezas en el
concurso para ser reina.

Según Josefo, el historiador judío del primer siglo, selec-
cionaron a cuatrocientas vírgenes como candidatas entre
las veinticinco millones de mujeres que vivían en el imperio. Después de hacer todos los preparativos necesarios, cada
doncella sería individualmente presentada ante Asuero. Todas
pasarían a formar parte del harén del rey, mientras que una de
ellas sería elevada a la posición de reina (cp. Ester 2.14).

Hubo un año de embellecimiento y arreglos que conducirían a la preparación final cuando una virgen aparecería ante el rey, no solo lo más bella posible, sino también oliendo bien, con la ayuda del incienso y los cosméticos para mejorar la piel y el cabello con fragancias agradables. También se les daba instrucciones con respecto a la etiqueta de la corte imperial y las expectativas especiales de las concubinas reales. Al final, doce meses de preparación intensiva se reducían a una oportunidad para impresionar al rey. Para ese encuentro tan importante, cada joven podía adornarse con cualquier complemento o joyería que deseara. Después sería presentada ante el rey. El día siguiente, se uniría a las otras concubinas en otro lugar del palacio. Allí esperaría indefinidamente como parte del harén real, con la esperanza de que el rey la escogiera de entre las otras cuatrocientas.

Ester tendría aproximadamente unos veinte años al término de la dura prueba de un año de duración, cuando apareció ante Asuero. Según Ester 2.16–18:

> Fue, pues, Ester llevada al rey Asuero a su casa real en el mes décimo, que es el mes de Tebet, en el año séptimo de su reinado. Y el rey amó a Ester más que a todas las otras mujeres, y halló ella gracia y benevolencia delante de él más que todas las demás vírgenes; y puso la corona real en su cabeza, y la hizo reina en lugar de Vasti. Hizo luego el rey un gran banquete a todos sus príncipes y siervos, el banquete de Ester; y disminuyó tributos a las provincias, e hizo y dio mercedes conforme a la generosidad real.

Como la antigua historia de la Cenicienta, Ester robó el corazón del rey y se convirtió en su reina. Así, una oscura huérfana judía fue exaltada a la posición más elevada de cualquier dama del mundo en ese tiempo. De los veinticinco millones de mujeres del imperio, fue a Ester a quien el mismo rey eligió. Esto claramente no era una coincidencia. Un poder infinitamente mayor que Asuero estaba trabajando, orquestando providencialmente sus propósitos mediante los afectos del emperador. Es importante que, a lo largo de todo ese proceso, Ester mantuviera oculta su identidad judía, como le sugirió Mardoqueo que hiciese. Eso se debió tal vez al fuerte antisemitismo que existía en el Imperio Persa en esa época (véase Esdras 4.6). Ester revelaría su herencia étnica, pero hasta que la situación le obligara a hacerlo.

MARDOQUEO FRUSTRA UN PLAN SINIESTRO

Un día, no mucho después de la coronación de Ester, su primo Mardoqueo estaba sentado en la entrada del palacio. Allí parece que escuchó un plan para asesinar a Asuero. Como explica el texto: «Bigtán y Teres, dos eunucos del rey, de la guardia de la puerta, y procuraban poner mano en el rey Asuero» (v. 21). Estos oficiales reales probablemente guardaban los aposentos privados del rey, y quizá se enojaron por lealtad a la recientemente depuesta reina Vasti. Tenían el motivo, así que solo les faltaba la ocasión de realizar un intento de quitarle la vida al emperador.

El hecho de que Mardoqueo tuviera acceso a los lugares privados del palacio sugiere que él mismo tenía una posición oficial prominente en el gobierno imperial. Cuando se enteró del complot contra el rey, informó de inmediato. Según los versículos 22–23:

> Cuando Mardoqueo entendió esto, lo denunció a la reina Ester, y Ester lo dijo al rey en nombre de Mardoqueo.
> Se hizo investigación del asunto, y fue hallado cierto; por

tanto, los dos eunucos fueron colgados en una horca. Y fue escrito el caso en el libro de las crónicas del rey.

Es importante que las acciones de Mardoqueo se escribieran en los registros reales, lo cual se usaría en un futuro como base para ser recompensado por el rey. Como todos los antiguos monarcas, Asuero intentaba ser cuidadoso a la hora de honrar y recompensar a quienes le demostraban su lealtad. Por eso se pidió que se registrara todo acto destacado de valor y servicio especial al monarca de Persia. Según Herodoto, el antiguo historiador griego, Asuero hacía eso incluso en medio de la batalla. «Siempre que Jerjes [Asuero]... veía a alguno de sus hombres lograr alguna proeza en batalla, preguntaba quién lo había hecho, y sus escribas anotaban el nombre del capitán con su padre y ciudad de residencia» (Historias, 8.90.4). El registro del valiente soldado sería correspondido con una honra apropiada por su leal servicio.

AMÁN TRAMA UN PLAN DIABÓLICO

En el tercer capítulo de Ester se nos presenta al villano Amán, un hombre a quien el rey había exaltado por encima de sus otros príncipes y oficiales reales. Desde su presentación en adelante, se nos recuerda que Amán era agagueo, una designación que se repite a lo largo de todo el libro (3.1, 10; 8.3, 5; 9.24). Que fuera agagueo no es un detalle sin importancia, era el origen del hondo resentimiento hacia los judíos y su intención de eliminarlos.

Para entenderlo bien, necesitamos saber que la hostilidad entre los agagueos y los judíos se remontaba a casi mil años atrás, cuando se produjo el éxodo de Egipto (alrededor del 1445 A.C.) cuando los israelitas fueron atacados por los amalecitas (Éxodo 17.8–16), que eran descendientes de Esaú. Por ese ataque, Dios maldijo a los amalecitas, profetizando que un día se extinguirían (Deuteronomio 25.17–19). Cuatro siglos después, el rey Saúl conquistó a los amalecitas y capturó a su rey, cuyo nombre era Agag (1 Samuel 15.2, 3). Como vimos en el capítulo 5, Saúl había recibido la orden de matar a Agag, pero desobedeció, dejándole con vida, e incurrió en el desagrado del Señor. El profeta Samuel finalmente ejecutó el mandamiento de Dios y dio muerte al rey pagano amalecita Agag (1 Samuel 15.32–33).

Amán era descendiente de Agag, por lo que acarreó sentimientos de odio intenso durante mucho tiempo hacia los israelitas porque habían derrotado a los amalecitas y dado muerte a Agag. El plan se agrava cuando conocemos también que Mardoqueo era descendiente de Cis (Ester 2.5), un hombre de la tribu de Benjamín que era del linaje de Saúl. Aunque habían pasado quinientos cincuenta años desde Saúl y Agag, ni Amán el agagueo ni Mardoqueo, el benjamita descendiente de Saúl, habían olvidado la disputa tribal que aún ardía tras las apariencias.

Esa hostilidad aumentó cuando se encontraron los dos hombres:

> Y todos los siervos del rey que estaban a la puerta del rey se arrodillaban y se inclinaban ante Amán, porque así lo había mandado el rey; pero Mardoqueo ni se arrodillaba ni se humillaba ... Y vio Amán que Mardoqueo ni se arrodillaba ni se humillaba delante de él; y se llenó de ira. Pero tuvo en poco poner mano en Mardoqueo solamente, pues ya le habían declarado cuál era el pueblo de Mardoqueo; y procuró Amán destruir a todos los judíos que había en el reino de Asuero, al pueblo de Mardoqueo. (Ester 3.2, 5–6)

La hostilidad generacional entre los amalecitas y los israelitas explica por qué Mardoqueo rehusó postrarse ante Amán, y por qué Amán respondió tramando sin piedad no solo matar a Mardoqueo, sino exterminar a toda la población judía.

Lleno de enojo, Amán buscó el consejo de los magos y astrólogos persas que echaron suertes para decidir el mejor día para aniquilar al pueblo judío. Después acudió al rey y describió falsamente a los judíos como una amenaza rebelde para el imperio de la que tenían que deshacerse. Amán propuso que todos los judíos que vivieran dentro del Imperio Persa fueran ejecutados (incluyendo los que habían regresado a la tierra de Israel). Para endulzar su proposición, Amán prometió que, al destruir a los judíos, entraría una gran suma de dinero en el tesoro real procedente del botín que ellos dejaran. Confiando en el consejo de su principal cortesano, y pensando erróneamente que iba a sofocar una rebelión antes de que comenzara, Asuero le dio su anillo grabado a Amán y le dijo que lo usara para autorizar el genocidio.

Amán se movió con rapidez, dictando un decreto real por todo el imperio que establecía un día, once meses después, para un propósito mortal: «con la orden de destruir, matar y exterminar a todos los judíos, jóvenes y ancianos, niños y mujeres» (Ester 3.13). El servicio de mensajeros persa funcionaba como una antigua versión del Pony Express, en el que los mensajeros iban a caballo de un puesto a otro. En cada puesto, esperaban otros caballos y jinetes descansados para llevar el mensaje al siguiente tramo del viaje. Usando ese eficiente sistema, los decretos reales llegaban rápidamente a todas las partes del Imperio Persa, en cuestión de días. La impactante noticia se esparció con rapidez, y produjo gran angustia entre los judíos en todo el imperio. «Y en cada provincia y lugar donde el mandamiento del rey y su decreto llegaba, tenían los judíos gran luto, ayuno, lloro y lamentación; cilicio y ceniza era la cama de muchos» (4.3).

LAS PETICIONES DE
MARDOQUEO A LA REINA

Cuando Mardoqueo se enteró del decreto del genocidio, rasgó sus vestiduras, se vistió con harapos y puso cenizas sobre su cabeza, e hizo luto públicamente. Debió de haber sido un espectáculo, sentado fuera de la puerta del rey y llorando en voz alta. Sin lugar a dudas, Mardoqueo se dio cuenta de que su decisión de no postrarse ante Amán contribuyó a esa exterminación como un acto de venganza. Sin embargo, el vengativo plan de Amán para el asesinato masivo de toda la población judía iba más allá de una simple venganza por la falta de respeto de Mardoqueo. Era una estratagema mucho mayor que involucraba a Satanás mismo.

Las noticias no tardaron mucho en llegar a los oídos de Ester: que su primo mayor estaba haciendo un numerito en las afueras de las puertas de palacio. La reina envió a su sierva Hatac para que se enterase de lo que estaba ocurriendo. Con una gran seriedad, Mardoqueo le informó a Ester de lo que había conseguido Amán, y envió de vuelta a Hatac con una copia del decreto real. También la instó a interceder ante el rey por las vidas de los judíos.

El plan de Mardoqueo de la comparecencia de Ester parecía simple, pero era considerablemente más complicado. En Persia, nadie, ni tan siquiera la reina, podía aparecer ante el rey sin una invitación expresa. Eso servía para proteger al emperador de intrusos indeseados, lo que era una precaución importante en una época en que los intentos de asesinato eran algo común. Si un supuesto huésped aparecía sin invitación, y el rey no extendía su cetro real en señal de bienvenida, el intruso podía morir allí mismo. Al acceder a la petición de Mardoqueo, Ester no solo estaría rompiendo el protocolo real, sino también arriesgando su vida, y así se lo explicó a su primo:

Todos los siervos del rey, y el pueblo de las provincias del rey, saben que cualquier hombre o mujer que entra en el patio interior para ver al rey, sin ser llamado, una sola ley hay respecto a él: ha de morir; salvo aquel a quien el rey extendiere el cetro de oro, el cual vivirá; y yo no he sido llamada para ver al rey estos treinta días. (Ester 4.11)

Era entendible que la reina tuviera miedo de su potencialmente violento e irracional esposo, el cual había degradado y deshonrado en público a Vasti por un solo acto de incumplimiento. Mardoqueo estaba poniendo a Ester en una posición en la que tenía que desacatar la ley y acercarse al rey sin ser invitada. El hecho de que Asuero no le hubiera llamado en un periodo de treinta días tan solo aumentaba las aprensiones de Ester. Quizá se preguntaba si habría caído de su favor, o si su afecto por ella se había convertido en indiferencia, de modo que no le mostrara misericordia.

La respuesta de Mardoqueo instó a Ester a ser valiente dada la seriedad de la situación. «No pienses que escaparás en la casa del rey más que cualquier otro judío», le advirtió su primo. «Porque si callas absolutamente en este tiempo, respiro y liberación vendrá de alguna otra parte para los judíos; mas tú y la casa de tu padre pereceréis. ¿Y quién sabe si para esta hora has llegado al reino?» (vv. 13–14). La pregunta retórica de Mardoqueo era una afirmación indirecta de soberanía divina, aunque no mencionó específicamente que Dios estuviera involucrado. Entendió que la posición de Ester en el palacio no era producto de la casualidad. En su propósito, Dios le había dado una posición real para un momento como ese.

Al fin, aceptando su función divinamente otorgada, Ester respondió con coraje y resolución:

Ve y reúne a todos los judíos que se hallan en Susa, y ayunad por mí, y no comáis ni bebáis en tres días, noche y día; yo también con mis doncellas ayunaré igualmente, y entonces entraré a ver al rey, aunque no sea conforme a la ley; y si perezco, que perezca. (Ester 4.16)

Aun cuando le costara la vida, Ester haría cualquier cosa que fuera necesaria para proteger a su pueblo. Aunque la respuesta de Ester no menciona la oración, tradicionalmente era parte de cualquier ayuno judío. Así, durante tres días, ella y sus compatriotas judíos oraron mientras ella se preparaba para comparecer ante el rey.

Ester se acercó al trono tensa, preguntándose cuál sería la respuesta del rey; los segundos parecían horas mientras esperaba a que Asuero reconociera su presencia. Después ocurrió: él la miró y extendió su cetro real hacia ella, deseando ansiosamente dar la bienvenida a su belleza ante él. Para subrayar su deleite, el rey respondió con una pregunta marcada por la generosidad en la típica hipérbole real: «¿Qué tienes, reina Ester, y cuál es tu petición? Hasta la mitad del reino se te dará» (Ester 5.3). Ella no quería la mitad del reino ni ninguna parte del mismo. Lo que quería era las vidas de su pueblo. Así que la respuesta de Ester fue una simple petición de que Asuero y Amán le concedieran un banquete más tarde ese mismo día. El rey se vio obligado por su promesa y quedó feliz de estar con ella. Como dice Ester 5.5–8:

Vino, pues, el rey con Amán al banquete que Ester dispuso. Y dijo el rey a Ester en el banquete, mientras bebían vino: ¿Cuál es tu petición, y te será otorgada? ¿Cuál es tu demanda? Aunque sea la mitad del reino, te será concedida. Entonces respondió Ester y dijo: Mi petición y mi demanda es esta: Si he hallado gracia ante los ojos del rey, y si place al rey otorgar mi petición y conceder mi demanda, que venga el rey con Amán a otro banquete que les prepararé; y mañana haré conforme a lo que el rey ha mandado.

Nuevamente, el afecto del rey por Ester se ve claramente revelado en que repitió la promesa de darle lo que ella quisiera. Y, por segunda vez, la reina les invitó a él y a Amán a un banquete. Ester sabía lo importante que era que su petición real se hiciera en el momento oportuno. Parece que la primera fiesta no era el momento propicio, así que decidió esperar hasta el día siguiente para suplicarle al rey por su pueblo en presencia de su enemigo, Amán.

EL ODIO DE AMÁN POR MARDOQUEO SE INTENSIFICA

Amán salió de la fiesta con una gran confianza en sí mismo y en su logro. Asuero no solo le había exaltado sobre los demás príncipes y oficiales reales, sino que la reina Ester le había invitado, no a uno, sino a dos banquetes exclusivos como huésped de los reyes. No se podía recibir más alto honor.

Cuando Amán se dirigía de regreso a su casa, después de la embriagadora noche con los monarcas, observó que Mardoqueo estaba sentado a la puerta del rey. El verle despertó la furia en su corazón. Al llegar a su casa, reunió a su familia, a sus amigos y despellejó a Mardoqueo ante ellos. Le sugirieron un remedio rápido y fácil: construye una horca y que Mardoqueo sea ejecutado por la mañana. A Amán le pareció una solución perfecta, así que mandó que construyeran rápidamente la horca.

Esa noche, mientras Amán dormía profundamente y soñaba con su venganza, Asuero daba vueltas, incapaz de conciliar el sueño (cp. Ester 6.1). Quizá se preguntaba cuál sería el verdadero motivo de la petición de la reina Ester, o quizá algún otro asunto imperial le mantenía despierto. Sea cual fuese la causa de su insomnio, el rey pidió que le leyeran las crónicas reales. Si había algo capaz de dormirle, sería escuchar la monotonía de informes gubernamentales detallados de los archivos imperiales.

Los persas registraban todo lo que ocurría con lujo de detalles, así que fue solo la mano de la providencia divina la que causó que un documento en particular fuera elegido para su lectura de esa noche. Era el relato de la acción de Mardoqueo para exponer a los dos conspiradores que planeaban matar al rey.

> Entonces hallaron escrito que Mardoqueo había denunciado el complot de Bigtán y de Teres, dos eunucos del rey, de la guardia de la puerta, que habían procurado poner mano en el rey Asuero. Y dijo el rey: ¿Qué honra o qué distinción se hizo a Mardoqueo por esto? Y respondieron los servidores del rey, sus oficiales: Nada se ha hecho con él. (Ester 6.2-3)

Mardoqueo había informado del complot de asesinato a la reina Ester cinco años antes, pero no había sido recompensado. El condescendiente Asuero estaba deseoso de rectificar ese fallo.

Mientras tanto, por la mañana temprano, Amán llegó a la corte real con otra petición mortal: que el rey autorizase la ejecución de Mardoqueo. Pero antes de que Amán pudiera decir nada, Asuero le planteó una pregunta franca: «¿Qué se hará al hombre cuya honra desea el rey?» (v. 6). Seguro de que el rey se estaba refiriendo a él y que estaba siendo tan generoso como para darle lo que él pensara que debía recibir, Amán respondió muy agradado. Con mucho afán hablaba sin parar creando una lista grandiosa, la cual incluía vestir una túnica real, montar en uno de los caballos del rey y que un príncipe dirigiera el caballo a lo largo de toda la ciudad mientras proclamaba: «Así se hará al varón cuya honra desea el rey». Esos eran honores que Amán no podía esperar a disfrutar. En un cambio de expectativas inesperado, escuchó que Asuero le decía:

Date prisa, toma el vestido y el caballo, como tú has dicho, y hazlo así con el judío Mardoqueo, que se sienta a la puerta real; no omitas nada de todo lo que has dicho. (v. 10)

Lleno de humillación, vergüenza y furia, Amán no tuvo otra opción que hacer lo que le fue dicho, así que exhibió a Mardoqueo con esplendor y lo condujo por toda la ciudad, haciendo proclamaciones de alabanza mientras lo llevaba.

Profundamente deshonrado, Amán se fue corriendo a su casa. Si acaso estaba buscando el consuelo de su familia y sus amigos, no lo encontró. Según el versículo 13: «Contó luego Amán a Zeres su mujer y a todos sus amigos, todo lo que le había acontecido. Entonces le dijeron sus sabios, y Zeres su mujer: Si de la descendencia de los judíos es ese Mardoqueo delante de quien has comenzado a caer, no lo vencerás, sino que caerás por cierto delante de él». Sus siniestras palabras pronto demostrarían ser proféticas. La suerte había cambiado, y el plan iba creciendo y ejerciendo más presión sobre él.

ESTER RUEGA POR SU PUEBLO

Más adelante en ese mismo día, Amán regresó al palacio para asistir al segundo banquete con el rey y la reina. Indudablemente intentó calmar el latido de su corazón después de lo que había ocurrido esa mañana, intentando convencerse a sí mismo de que de algún modo sobreviviría. Sin embargo, Amán estaba listo para otra sorpresa horrible.

El rey, lleno de afecto por su reina, le preguntó a Ester de nuevo qué era lo que quería. Esta vez, la reina no dudó, expresando patéticamente la angustia que pesaba como una losa sobre su alma. Con lágrimas en sus ojos y la voz entrecortada, rogaba:

Entonces la reina Ester respondió y dijo: Oh rey, si he hallado gracia en tus ojos, y si al rey place, séame dada mi vida por mi petición, y mi pueblo por mi demanda. Porque hemos sido vendidos, yo y mi pueblo, para ser destruidos, para ser muertos y exterminados. Si para siervos y siervas fuéramos vendidos, me callaría; pero nuestra muerte sería para el rey un daño irreparable. (Ester 7.3–4)

Asuero no podía creer lo que estaba escuchando. ¡Atentar contra la vida de la reina era alta traición! El rey se puso furioso al instante, y quiso saber: «¿Quién es, y dónde está, el que ha ensoberbecido su corazón para hacer esto?» (v. 5).

Al verse a sí mismo convertido en el personaje principal del drama, la mente de Amán debió comenzar a dar vueltas. El nudo se estaba preparando alrededor de su propio cuello. Seguro que la reina no era judía, ¿verdad? ¿Cómo se le podía haber pasado por alto un detalle tan importante? Amán no tenía mucho tiempo para pensar en su gran error, solo hasta que oyó a Ester, con su mano señalando al rostro sonrojado de su invitado, responder a Asuero con estas palabras: «El enemigo y adversario es este malvado Amán» (v. 6).

Lleno de furia, el rey se levantó y salió apresuradamente al jardín del palacio. En ese momento, se debió haber acordado del decreto que Amán le había convencido para que autorizase e hiciese llevar a todo el imperio hacía un par de meses. Se había dejado influir en ese momento basado en la mala representación que había hecho Amán del pueblo judío como una posible amenaza para el imperio. Ahora, el rey se dio cuenta de que le habían preparado una encerrona para dictar un decreto inalterable que demandaba la muerte de su propia reina.

Aún en el interior y en la mesa, Amán se enfrentaba a su destino. Cayó a los pies de Ester, delante del sillón donde ella se sentaba y con desesperación le rogó por su vida. Asuero, regresando del jardín y ciego de furia, interpretó el ruego de Amán pidiendo misericordia como otro acto de violencia contra la reina. Con un rugido de rabia apasionada, clamó lleno de indignación: «¿Querrás también violar a la reina en mi propia casa?» (v. 8). Al instante, la guardia real cubrió el rostro de Amán y se lo llevaron para ser ejecutado. En una irónica inversión, colgaron el cuerpo de Amán en la misma horca que él había construido para Mardoqueo.

¡Qué diferencia puede marcar un solo día! Veinticuatro horas antes, Amán había estado en la cima de su carrera política, alardeando con su familia y sus amigos de su éxito real y tramando felizmente el fin de su archienemigo Mardoqueo y el de todos los judíos. Eso fue ayer. Hoy, sería ejecutado por el rey como un enemigo del Estado. A su muerte, la propiedad de Amán pasó a ser posesión del rey, el cual se la dio a la reina Ester. A su vez, ella se la dio a su primo Mardoqueo, poniéndole a cargo de la anterior propiedad de Amán. El rey también le exaltó en la corte real (Ester 8.2; 9.4). La arriesgada y valiente acción de Ester no solo salvó la vida de Mardoqueo, también canceló un decreto para destruir a los judíos.

EL PUEBLO JUDÍO ES PERDONADO

Todavía existía un obstáculo en esa cancelación. Según la ley persa, los edictos del rey no se podían revertir (cp. Ester 1.19). Pero Asuero permitió de buena gana que Ester y Mardoqueo redactaran un contra decreto oficial, capacitando a los judíos para defenderse cuando sus enemigos intentaran cumplir ese decreto. El decreto de Amán se había emitido dos meses antes, dándoles a Ester y a su pueblo casi nueve meses para preparar su defensa. Además, gracias a la exaltación de Mardoqueo en el gobierno persa,

> Todos los príncipes de las provincias, los sátrapas, capitanes y oficiales del rey, apoyaban a los judíos; porque el temor de Mardoqueo había caído sobre ellos. Pues Mardoqueo era grande en la casa del rey, y su fama iba por todas las provincias; Mardoqueo iba engrandeciéndose más y más. (Ester 9.3–4)

Cuando finalmente llegó el día del juicio final, el 7 marzo del 473 A.C., los judíos no solo se defendieron al derrotar a sus enemigos a lo largo de todo el Imperio Persa, sino que en la ciudad capital de Susa, mataron a quinientos diez opositores y otros trescientos al día siguiente. A lo largo de todo el imperio murieron 75 mil enemigos más. El día intencionado para su destrucción se convirtió en un día de gran victoria; los judíos no solo no fueron aniquilados, como Amán había planeado, sino que su influencia a lo largo de todo el imperio en realidad se fortaleció. En vez de ser un día para recordar el exterminio de los judíos, se convirtió en uno para celebrar su liberación.

Para conmemorar eso, Mardoqueo estableció la fiesta de Purim, un nombre derivado de la palabra hebrea para *suertes*. Amán había echado suertes para decidir el día en que se produciría la ejecución masiva de los judíos. Sin embargo, al final resultó ser un día de triunfo y celebración para el pueblo judío. Como continuaron venciendo a sus enemigos al día siguiente, la fiesta de Purim se convirtió en una celebración tradicional judía de dos días. Ester 9.23–28 explica:

Y los judíos aceptaron hacer, según habían comenzado, lo
que les escribió Mardoqueo. Porque Amán hijo de Hame-
data agagueo, enemigo de todos los judíos, había ideado
contra los judíos un plan para destruirlos, y había echado
Pur, que quiere decir suerte, para consumirlos y acabar con
ellos. Mas cuando Ester vino a la presencia del rey, él ordenó por carta que el perverso designio que aquél trazó contra
los judíos recayera sobre su cabeza; y que colgaran a él y a
sus hijos en la horca. Por esto llamaron a estos días Purim,
por el nombre Pur. Y debido a las palabras de esta carta, y
por lo que ellos vieron sobre esto, y lo que llevó a su conocimiento, los judíos establecieron y tomaron sobre sí, sobre
su descendencia y sobre todos los allegados a ellos, que no
dejarían de celebrar estos dos días según está escrito tocante
a ellos, conforme a su tiempo cada año; y que estos días
serían recordados y celebrados por todas las generaciones,
familias, provincias y ciudades; que estos días de Purim no
dejarían de ser guardados por los judíos, y que su descendencia jamás dejaría de recordarlos.

La fiesta anual de dos días, llamada Purim, ha sido un evento marcado por la alegría, el compartir alimentos, hacer regalos
y ayuno conmemorativo (9.21–22, 31). Aunque no se menciona en la Escritura fuera de Ester, Purim se ha celebrado a lo
largo de los siglos en Israel y por los judíos en cualquier lugar,
como recordatorio de ese día hace tanto tiempo en que los
judíos fueron rescatados providencialmente de sus enemigos.

Mucho después de que Amán fuera ahorcado, Mardoqueo
y Ester siguieron prosperando en la casa real de Asuero. El rey
exaltó a Mardoqueo como el segundo máximo mandatario
sobre todo el imperio. Como José y Daniel, Mardoqueo fue
elevado a una posición de gran poder e influencia. Su experiencia como individuo, que va desde estar a punto de morir

a ser la diana del odio a las alturas del poder como receptor de honor real, era representativa de la experiencia de los judíos por toda la tierra. Contra todo pronóstico, Ester, Mardoqueo y los judíos fueron perdonados, y no solo perdonados, sino elevados. Así, el libro de Ester termina con estas palabras llenas de esperanza:

> Porque Mardoqueo el judío fue el segundo después del rey Asuero, y grande entre los judíos, y estimado por la multitud de sus hermanos, porque procuró el bienestar de su pueblo y habló paz para todo su linaje. (Ester 10.3)

¿DÓNDE ESTÁ DIOS EN EL LIBRO DE ESTER?

El verdadero Héroe en esta historia nunca se menciona, nunca se le nombra; pero todo lector sabe quién es y ve sus actos heroicos de poder. Dios mismo es la única explicación para la supervivencia de los judíos en medio de tanto odio y oposición. Su mano providencial está en cada gran evento y en cada pequeño detalle al proteger y preservar a su pueblo. El Cantar de los Cantares y Ester son los únicos libros de la Biblia donde no se hace referencia alguna a Dios. Esto ha provocado que, con razón, algunos lectores de la Escritura se pregunten: ¿Por qué se hace referencia al rey de Persia más de 175 veces mientras que al Rey divino no se le menciona ni una sola vez?

Sin embargo, su presencia está presente de una forma más poderosa y dominante, porque es obvio que solo Dios puede ordenar soberanamente todo lo ocurrido en la historia de Ester. Su providencia está visible en el hecho de que, de las veinticinco millones de mujeres del Imperio Persa, Ester (siendo judía) fue elegida como la reina; en que Mardoqueo se encontrara con una trama para asesinar al rey, y que nadie se diera cuenta en ese momento y fuera recompensado por ello a su tiempo; en que a Asuero, la noche que no podía dormir, «casualmente» le leyeron el caso de Mardoqueo que estaba escrito en los archivos reales; y en que el momento de Amán fue perfecto, salvo que fue en la forma justamente contraria a la que él había planeado. En todos estos y muchos otros detalles, la mano invisible de Dios es inequívocamente evidente. Incluso el hecho de que la fiesta de Purim recibiera su nombre al haber echado suertes nos recuerda el poder soberano de Dios sobre todas las cosas: «La suerte se echa en el regazo; mas de Jehová es la decisión de ella» (Proverbios 16.33). Por tanto, ¿por qué no se le menciona nunca?

La ausencia es sin duda intencionada. Es parte de una estrategia literaria alarmante y a la vez ingeniosa que de hecho lleva al lector a pensar profundamente en Dios. La omisión es tan cegadora, que el silencio grita pidiendo nuestra atención y nos fuerza a darnos cuenta. Hay demasiadas «coincidencias» que ocurren aleatoriamente. Esta historia pide un diseñador, un coordinador: Dios. Al no mencionar nunca su nombre, el escritor nos ha forzado a que nos hagamos esta pregunta: *¿Quien está haciendo esto?* Y como respuesta a esa pregunta, uno descubre al verdadero Héroe de Ester.

Aunque no se menciona su nombre, Dios resuena a lo largo y ancho de todo el libro de Ester. El poder invisible del Señor es obvio, ordenando soberanamente cada detalle para preservar a su pueblo. No hay milagros en el libro, pero la destacada protección de los judíos mediante el control providencial de Dios de cada detalle circunstancial del pueblo, lugares, tiempo y acciones no deja de ser menos que un milagro, revelando la infinita sabiduría y omnipotencia del Señor sobre todas las cosas. La coincidencia y la suerte no tienen lugar. Incluso el poderoso Asuero estaba bajo el poder soberano de Dios, evidenciando la verdad de Proverbios 21.1: «Como los repartimientos de las aguas, así está el corazón del rey en la mano de Jehová; a todo lo que quiere lo inclina». Dios supervisó las decisiones del emperador, incluso a la hora de escoger a su nueva reina. Aunque su nombre nunca aparece en el libro, obviamente Él es el actor principal de la obra.

El libro de Ester se podría comparar a una partida de ajedrez, en la que Dios y Satanás (trabajando tras bambalinas) mueven reyes, reinas y nobles de la vida real. Parece como si Satanás, usando a Amán, estuviera poniendo en jaque los planes de Dios. Pero el Señor, que tiene poder absoluto sobre Satanás, hizo un jaque mate a las artimañas del diablo posicionando a Mardoqueo y Ester para que encontraran favor con el rey.

Desde que Adán y Eva cayeron en pecado, Satanás ha trabajado para torcer el plan divino de salvación. Si hubiera podido aniquilar a los judíos en tiempos de Ester, Satanás habría destruido la línea mesiánica antes de que el Mesías naciera, y todas las promesas a Israel no se habrían cumplido. La Escritura estaría equivocada y Dios destronado. Pero Dios no permitió que eso ocurriera. Incluso después de que viniera Jesús, Satanás intentó usar a Herodes (Mateo 2.16), Judas Iscariote (Lucas 22.3–6) e incluso a Pedro (Mateo 16.22), para descarrilar a Cristo de su misión terrenal. Sin embargo, en cada ocasión los propósitos de Dios prevalecieron, como ocurrió con Ester. Aunque su nombre no se menciona en el libro, la mano de Dios es claramente evidente en cada página. Una vez tras otra, Él estropeó los malévolos planes de Satanás mediante su intervención providencial.

La reina Ester, junto con Mardoqueo, fueron los instrumentos humanos que Dios usó para rescatar a su pueblo de la destrucción total. Ester, que provenía de humildes comienzos, era una huérfana en una tierra extraña a cientos de kilómetros de Israel. Como tal, verdaderamente era una heroína inconcebible. Los planes del Señor para ella eran sorprendentes e inimaginables, al situarla en una posición de prominencia para proteger a los judíos de las intenciones malignas.

A través de Amán, Satanás intentó poner en peligro las promesas abrahámicas y davídicas para Israel (cp. Génesis 17.1–8; 2 Samuel 7.8–16). Pero contra el oscuro telón de tan atroz maldad, tanto el amor pactado de Dios por Israel como su poder para protegerles brillaron espectacularmente. Hoy, mientras continúa avanzando el drama de los eventos mundiales, y los poderes del mal en el Medio Oriente amenazan la existencia de Israel nuevamente (como lo hicieron los poderes europeos en tiempos de Hitler y Stalin), el Señor preservará a los judíos para su salvación final en el futuro; el reino que Él les ha prometido mediante sus profetas vendrá. Como explica el apóstol Pablo en Romanos 11.26–29:

Y luego todo Israel será salvo, como está escrito: Vendrá de Sion el Libertador, que apartará de Jacob la impiedad. Y este será mi pacto con ellos, cuando yo quite sus pecados... Porque irrevocables son los dones y el llamamiento de Dios.

El Señor continúa en el trono del universo, como lo estaba en tiempos de Ester. Es el soberano absoluto sobre los gobiernos y los dirigentes terrenales de la era moderna. Aunque las noticias raramente mencionan su nombre, Dios es el poder invisible detrás de todo, orquestando a la perfección todos los detalles para lograr sus propósitos. En palabras del Salmo 103.19: «Jehová estableció en los cielos su trono, y su reino domina sobre todos». ¡Qué consuelo implica esto para todos los que han puesto su confianza en Él!

8

JUAN EL BAUTISTA: EL VERDADERO SIGNIFICADO DE LA GRANDEZA

⌁

Mientras ellos se iban, comenzó Jesús a decir de Juan a la gente: ¿Qué salisteis a ver al desierto? ... ¿A un profeta? Sí, os digo, y más que profeta. Porque éste es de quien está escrito: He aquí, yo envío mi mensajero delante de tu faz, el cual preparará tu camino delante de ti. De cierto os digo: Entre los que nacen de mujer no se ha levantado otro mayor que Juan el Bautista.

—MATEO 11.7–11

¿A QUÉ SE REFIERE DIOS CUANDO DICE QUE ALGUIEN es *grande*? En el pensamiento de la cultura popular, la grandeza normalmente se define en términos de privilegio, logros, dinero y poder que llevan a algún tipo de fama. Una visión más objetiva de la grandeza, aunque menos popular, se centra en el impacto duradero de alguien al proveer buenos beneficios a la gente, no solo a su nivel de fama personal; sino que eleva a quienes impactan al mundo de las formas positivas y significativas. Pero, ya sea que midamos la grandeza en términos de popularidad o desde el punto de vista del logro humano, ambas definiciones se quedan cortas si lo vemos desde la perspectiva de Dios.

Usando cualquiera de estos dos criterios, Juan el Bautista no sería considerado grande. No nació en una familia rica ni poderosa. Sus padres, Zacarías y Elisabet, eran de la familia sacerdotal de Leví. Pero había muchos levitas en Israel en ese tiempo, tantos que la familia de Juan no tenía ningún estatus social especial. Cuando aún era adolescente, Juan dejó las comodidades de la sociedad civilizada y se fue al desierto de Judea, convirtiéndose en un predicador ermitaño y sin hogar. Según Mateo 3.4: «Juan estaba vestido de pelo de camello, y tenía un cinto de cuero alrededor de sus lomos; y su comida era langostas y miel silvestre». Ni su linaje, ni su conducta social contraria, ni su apariencia externa ni su dieta indicaban que pudiera ser considerado como otra cosa que como raro.

No tenía una educación formal, ya que vivía aislado en el desierto. Aunque procedía de un linaje sacerdotal, no estaba relacionado con el sacerdocio. No estaba vinculado ni a la riqueza ni a la realeza. No instigó ningún movimiento social, político o religioso permanente. Aunque atrajo al populacho con su mensaje acerca de la llegada del Mesías, las autoridades (como los fariseos y los escribas) se opusieron a él con fiereza. Como respuesta, él les reprendía y advertía del juicio divino, como a un grupo de víboras atrapadas en un incendio forestal. Su ministerio fue relativamente corto; murió de modo ignominioso a manos de un pequeño gobernante llamado Herodes seducido por el lascivo baile de una joven. Cuando le dijo que le daría cualquier cosa que ella quisiera, se condolió con su madre, la esposa de Herodes, la cual quería que pidiese la cabeza de Juan en una bandeja de plata. Nada en su vida encajaba en el modelo asociado con la grandeza. Solo un pequeño grupo de discípulos lo siguieron por un breve periodo de tiempo.

A pesar de todo eso, fue lo que el ángel Gabriel dijo que sería: «grande delante de Dios» (Lucas 1.15). De manera increíble, el Señor no solo declaró que era grande, sino el *más grande*

que jamás ha vivido. Esa declaración salió de los labios de
Jesucristo mismo: «De cierto os digo: Entre los que nacen de
mujer no se ha levantado otro mayor que Juan el Bautista»
(Mateo 11.11). «Nacido de mujer» era una expresión común
para referirse a la humanidad en general. Por tanto, Jesús, básicamente estaba diciendo: «No ha vivido nunca un ser humano
mayor que Juan».

En nuestro examen de los héroes inconcebibles de Dios,
ya hemos visto algunos de los personajes más atractivos de
la Biblia. Sin embargo, ¡el Mesías mismo declaró que Juan
el Bautista fue mayor que cualquier otro santo del Antiguo
Testamento! Fue mayor que Enoc, Abraham, Moisés, Sansón,
David o cualquiera de los profetas. Fue mayor que quienes se
enumeran en Hebreos 11 como los héroes monumentales de la
fe. Ningún rey, jefe militar ni filósofo fue mayor que Juan. Él
fue la persona más grande que había vivido hasta ese momento, tanto en términos de tarea como de privilegio.

Eso quedó claro desde el comienzo de su historia.

SE ROMPIÓ EL SILENCIO

Antes de Juan el Bautista, no hubo profeta en Israel durante siglos.
Desde los días de Malaquías, no había llegado del cielo ninguna
palabra de revelación. Tampoco ningún ángel había aparecido a
los hombres desde tiempos del profeta Zacarías, quinientos años
atrás. Pero ese largo silencio estaba a punto de romperse.

Era aproximadamente el año 5 A.C.; el lugar, Jerusalén.
Un sacerdote anciano, común y corriente, llamado Zacarías
(nombre dado en honor al profeta del Antiguo Testamento)
desbordaba de gozo al acercarse al lugar santo del templo. Una
vez dentro, tendría el privilegio de ofrecer el incienso sobre el
altar sagrado. Este evento marcaba el momento álgido de su
carrera sacerdotal, por lo que Zacarías quizás querría saborear

cada instante. Pero incluso sus más altas expectativas no podían haberle preparado para lo que estaba a punto de experimentar.

Zacarías era sacerdote según el orden de Abías, una de las veinticuatro órdenes del sacerdocio judío establecido para los hijos de Aarón. Cada orden sacerdotal era responsable de servir durante dos semanas al año en el templo de Jerusalén. Llegado el momento, los sacerdotes según el orden de Abías, incluyendo a Zacarías, viajaban a la capital de Israel para cumplir con sus tareas sagradas.

Una de las responsabilidades sacerdotales era que el sacerdote quemara incienso cada mañana y cada atardecer dentro del templo, en el lugar santo (véase Éxodo 30.7–8). Cuando el solitario sacerdote se dirigía al altar del incienso, el resto de la orden, junto con toda la gente, estaba de pie afuera orando. El incienso subiría desde el altar como un símbolo de las fragantes oraciones de la nación a Dios.

Como había muchos sacerdotes pero solo uno podía ofrecer el incienso cada mañana y cada noche, la mayoría nunca participaba en esa tarea sagrada. El sacerdote privilegiado era elegido echando suertes; y una vez escogido, no podía volver a ser elegido. Así, ofrecer incienso en el lugar santo era una experiencia única en la vida. Seguro que fue muy difícil para el anciano Zacarías haber contenido la emoción tras ser seleccionado, después de décadas de servicio fiel.

Sin lugar a duda, esa era la cima de su vida sacerdotal. El altar del incienso estaba justamente fuera del velo que separaba el lugar santo del lugar santísimo, lo que significaba que estaba lo más cerca de la presencia de Dios que podía estar un sacerdote. Ninguna persona común podía entrar en el lugar santo, y solo el sumo sacerdote podía entrar al lugar santísimo, y eso ocurría solo una vez al año.

A pesar del deseo y la satisfacción que sentía Zacarías cuando entró en el lugar santo, no tenía la intención de quedarse allí mucho tiempo. Según estaba prescrito en la ceremonia, llevaba un pequeño recipiente lleno de carbones encendidos tomados del altar de bronce, el altar del sacrificio. Acercándose al altar del incienso, echó los carbones y los esparció en el interior. Luego los cubrió con el incienso para que surgiera una gran nube de olor fragrante del altar.

Todo era común y rutinario hasta que ocurrió lo extraordinario y Zacarías dejó de estar solo. De repente, un ángel del cielo apareció de pie a su lado en el altar. El perplejo sacerdote quedó anonadado y aterrado. Lucas 1.12 lo dice de la siguiente manera: «Y se turbó Zacarías al verle, y le sobrecogió temor». Zacarías se dio un susto de muerte. Ahí estaba, en el lugar santo, más cerca de la presencia de Dios de lo que nunca había estado en toda su vida, sabiendo que otros sacerdotes en la historia de Israel habían sido juzgados por ofrecer incienso inaceptable ante el Señor (cp. Levítico 10.1–2). Al instante, Zacarías debió de preguntarse si había hecho algo que hubiera desagradado a Dios y el ángel estaría allí para anunciar su juicio. Pero ese no era el caso.

El ángel Gabriel estaba allí para darle la noticia más maravillosa que nadie jamás pudiera haber recibido en ese tiempo, una noticia con respecto a la llegada del Mesías. Comenzó con estas palabras: «Zacarías, no temas; porque tu oración ha sido oída, y tu mujer Elisabet te dará a luz un hijo, y llamarás su nombre Juan» (Lucas 1.13).

La realidad de esa promesa era algo casi tan asombroso como lo fue esa repentina aparición. Zacarías y su esposa Elisabet eran mayores, tendrían al menos sesenta o setenta años de edad, incluso quizá ochenta. Tristemente no habían tenido hijos, y Elisabet hacía mucho que no tenía edad para quedar embarazada. Pero Dios haría por Elisabet lo que había hecho siglos antes con Sara y Ana: abrir su vientre y darles un hijo. La esterilidad, que era una desgracia en el antiguo Israel, estaba a punto de desaparecer de modo sobrenatural. El vientre que durante tanto tiempo había estado vacío, milagrosamente albergaría un hijo. Y el nombre *Juan*, que significa «Dios es misericordioso», siempre les recordaría el favor tan especial que Dios les había otorgado.

Mientras intentaba recuperarse de su impacto inicial, Zacarías no podía creer lo que el ángel le estaba diciendo. Pero el increíble mensaje de Gabriel no había terminado. Su mujer no solo tendría un hijo en circunstancias sobrenaturales, sino que ese hijo sería en muchos aspectos el profeta más excepcional que jamás existiría. Así se lo explicó el ángel al perplejo sacerdote:

> Y tendrás gozo y alegría, y muchos se regocijarán de su nacimiento; porque será grande delante de Dios. No beberá vino ni sidra, y será lleno del Espíritu Santo, aun desde el vientre de su madre. Y hará que muchos de los hijos de Israel se conviertan al Señor Dios de ellos. E irá delante de él con el espíritu y el poder de Elías, para hacer volver los corazones de los padres a los hijos, y de los rebeldes a la prudencia de los justos, para preparar al Señor un pueblo bien dispuesto. (Lucas 1.14–17)

Después de cuatrocientos años de silencio, este profeta anunciaría la llegada del Mesías. ¡El hijo de Zacarías sería el heraldo del Mesías!

Estas noticias eran tan asombrosas que Zacarías no lo creía. Como respuesta a su duda y las consiguientes dudas de todos aquellos a quienes les contara las palabras del ángel, Gabriel le dio una señal: «Y ahora quedarás mudo y no podrás hablar, hasta el día en que esto se haga, por cuanto no creíste mis palabras, las cuales se cumplirán a su tiempo» (Lucas 1.20). Por haber usado su voz para expresar duda e incredulidad, Zacarías no podría volver a usarla hasta que naciera su hijo. Pero de manera extraña, ese silencio sería la verificación del encuentro sobrenatural.

Eso resultó quedar claro cuando al fin salió del lugar santo y fue recibido por miradas de asombro y curiosidad por parte de la congregación judía reunida en el templo. ¿Por qué habrá tardado tanto tiempo? ¿Y por qué tiene una expresión estupefacta en su rostro? Para mayor sorpresa de la multitud, Zacarías no podía ofrecer ninguna explicación audible de su retraso. Finalmente, tras descifrar los ademanes de sus manos, «comprendieron que había visto visión en el santuario. Él les hablaba por señas, y permaneció mudo» (v. 22). Su frustrado silencio era evidencia de una revelación divina.

Al terminar con sus responsabilidades en Jerusalén y regresar de vuelta a casa con Elisabet, la mente de Zacarías debía estar repasando todos los posibles resultados. Poco tiempo después, su anciana esposa concibió y nueve meses más tarde nació el bebé Juan. Pero incluso antes de nacer, el bebé fue lleno del Espíritu Santo (v. 15), al moverse en el vientre de Elisabet cuando su prima María, la madre de Jesús, llegó a su casa de visita (v. 41).

Zacarías no pudo pronunciar ni una sola palabra hasta el nacimiento de Juan. Durante casi un año, tuvo conocimiento de la noticia más grande jamás contada, pero no pudo expresarla. Cuando vio a su recién nacido por primera vez, su lengua se soltó instantáneamente. Debió haber hablado a borbotones por la magnitud de lo que había estado pensando todos esos meses. Después de alabar al Señor por su fidelidad a Israel, el orgulloso padre bendijo a su hijo recién nacido con palabras inspiradas:

Y tú, niño, profeta del Altísimo serás llamado; porque irás delante de la presencia del Señor, para preparar sus caminos; para dar conocimiento de salvación a su pueblo, para perdón de sus pecados, por la entrañable misericordia de nuestro Dios, con que nos visitó desde lo alto la aurora, para dar luz a los que habitan en tinieblas y en sombra de muerte; para encaminar nuestros pies por camino de paz. (Lucas 1.76–79)

Esas poderosas palabras llegarían a caracterizar al ministerio radical de este extraordinario profeta.

UNA VOZ QUE CLAMA EN EL DESIERTO

Tras volver a contar su increíble nacimiento, el relato bíblico avanza a los comienzos del ministerio de Juan. Vivió gran parte de su vida en el anonimato del desierto de Judea antes de que la palabra del Señor llegara sobre él para iniciar su ministerio profético cuando tenía unos treinta años de edad (Lucas 3.2). En ese entonces, «bautizaba Juan en el desierto, y predicaba el bautismo de arrepentimiento para perdón de pecados» (Marcos 1.4).

Juan era un contraste en todos los aspectos, desde su prolongado aislamiento a su abrupta aparición pública, desde su áspera vida en el desierto a su dramático ministerio de predicación y bautismo. Nació de una mujer que no podía tener hijos. Procedía de un linaje de sacerdotes, pero ministraba como profeta, y alcanzó a la sociedad judía habiéndose apartado de ella.

Tanto su entrenamiento como su ministerio se produjeron en el desierto. Ese podría parecer un lugar extraño para que el precursor del Mesías estableciera sus oficinas centrales, pero encajaba perfectamente con el plan de Dios. Juan no fue enviado a la corte real del mundo antiguo para anunciar la llegada del Rey al universo. De una familia oscura, con un extraño estilo de vida, estableció su ministerio directamente en medio de la nada.

Pero todo eso tenía un propósito, un enfoque radical con la intención de despertar a la gente de su sueño espiritual, y llamarles a salir del legalismo muerto de sus prácticas religiosas.

Multitudes de personas procedentes de Jerusalén y Jericó, atraídas por la curiosidad y la convicción, acudían a oír predicar al excéntrico profeta. En la arena desolada, apartados de las distracciones de la ciudad y la opresión de los líderes religiosos, las personas podían meditar con calma en las poderosas verdades que Juan estaba proclamando.

El mensaje de Juan era asombroso, así como su aspecto físico. Él afirmaba ser el verdadero mensajero de Dios, pero no era como los fariseos y saduceos con buenas maneras, habla tranquila y muy adornados. La áspera túnica de piel de camello de Juan, su cinturón de piel y su dieta de langostas y miel silvestre, servían como una punzante y metafórica represión a los líderes de la clase religiosa de Israel. Como los profetas del Antiguo Testamento que le precedieron, todo lo relacionado con la extraña conducta de Juan tenía la intención de ser una lección para la nación escogida de Dios. No llamaba a otros a vivir o vestir como él, sino que llamaba a la gente a alejarse de los hipócritas vestidos de la liturgia que dirigían a las personas al infierno.

EL REINO SE HA ACERCADO

Como predicador privilegiado por anunciar la llegada del Mesías, el llamado de Juan era más elevado y sagrado que el de cualquier otro que le hubiera precedido. Su voz profética fue la primera que resonó por todas las laderas de Judea desde que el profeta Malaquías dejó de hablar cuatrocientos años antes. Aunque su historia la encontramos en los evangelios, Juan fue el último de los profetas del Antiguo Testamento. Como tal, recibió la privilegiada responsabilidad de anunciar tanto la venida del Mesías como de declarar su llegada. Al igual que sus predecesores, Juan encauzaba fielmente a la gente hacia Cristo, pero a diferencia de los otros profetas judíos, pudo ver con sus propios ojos el cumplimiento de sus palabras.

En Mateo 11.9 Jesús separó a Juan de los nobles profetas anteriores a él diciendo que era «más que profeta», porque como explicó el Señor, era el mensajero divinamente señalado del que se hablaba en Malaquías 3.1. Isaías había profetizado la misión de Juan cientos de años antes: «Voz del que clama en el desierto: Preparad el camino del Señor, enderezad sus sendas» (Mateo 3.3; cp. Isaías 40.3–4). Estaba preparando los corazones de los judíos para la venida de su tan ansiado Rey. Después de milenios de anticipación y promesas proféticas, Juan fue elegido para el incomparable privilegio de ser el heraldo personal del Mesías.

En el antiguo Oriente Próximo, la llegada de un monarca normalmente estaba precedida por la aparición de un heraldo que anunciaba la inminente llegada del rey y hacía los preparativos finales para su estancia. Junto al heraldo, se enviaba una delegación de siervos a la cabeza de la caravana real, para quitar cualquier obstáculo en el camino y asegurarse de que estuviera en buenas condiciones para viajar. Así, la responsabilidad del heraldo era doble: proclamar la llegada del rey y preparar el camino para su llegada. Estos dos componentes definieron el ministerio privilegiado de Juan el Bautista.

Pero Juan no trabajó solamente para un rey humano. Fue el precursor del Rey de reyes. Como tal, no quitó los escombros de los caminos físicos, sino que a través de su predicación respaldada por el Espíritu sobre arrepentimiento y fe, intentó quitar los obstáculos de la incredulidad en los corazones de los hombres y las mujeres pecadores. Desafió al judaísmo hipócrita y egoísta del primer siglo, y llamó a las personas al arrepentimiento y a tener una vida de santa fe y obediencia. De esta forma, estarían preparados para la llegada del Mesías y su reino.

El ministerio de Juan se describe como la «voz del que clama en el desierto». Para todos los que escuchaban, sus resonantes palabras reiteraban un mensaje simple: «¡Arrepentíos!» (Mateo 3.2). La palabra griega para *arrepentimiento* significa más que un simple dolor o lamento. Significa «cambiar de pensamiento y modificar la voluntad», y engloba la idea de dar la vuelta y caminar en la dirección opuesta. El arrepentimiento no se refiere tan solo a cualquier cambio, sino a un cambio de pecado a justicia. Conlleva dolor por el pecado, pero va más allá de eso hasta producir un cambio de pensamiento y el deseo de una vida diferente (cp. 2 Corintios 7.10). Juan declaró que si las personas se volvían de su orgullo rebelde y recibían una vida de obediencia de todo corazón, estarían listos para recibir al Mesías.

El mensaje de Juan impactó al pueblo judío, ellos suponían que ya estaban incluidos por pertenecer a la nación escogida de Dios. Por su etnia, sentían la seguridad de tener un lugar en el reino de los cielos, de tal forma que el arrepentimiento no era necesario para ellos. Por otro lado, las naciones gentiles vecinas no tenían tal privilegio. Juan confrontó esa falsa idea con toda claridad, declarando con valentía: «Y no penséis decir dentro de vosotros mismos: A Abraham tenemos por padre; porque yo os digo que Dios puede levantar hijos a Abraham aun de estas piedras» (Mateo 3.9). Para los israelitas que se consideraban justos y que escuchaban lo que Juan decía, la idea estaba clara: estaban en la misma condición que los gentiles que no creían: eran como piedras, espiritualmente muertos. A menos que se arrepintieran y se convirtieran de su pecado a la justicia, no heredarían la salvación eterna. En cambio, serían juzgados. Ahora, ser judío y religioso no valía para nada ante Dios salvo para recibir un juicio mayor.

El mandato de Juan era urgente. La venida del Rey era inminente. A pesar de su religión, los corazones de las personas estaban duros y fríos. Por eso Juan les confrontó con feroz pasión y con una franqueza sin reparo. Ahora no era el momento de medir las palabras. Él desafió a la gente a apartarse del ritualismo, la superficialidad y la hipocresía de sus ceremonias externas, tradiciones y leyes. Les llamó a alejarse de la clase religiosa, al desierto, a un lugar donde no hubieran ido de no ser porque se tomaban en serio el arrepentimiento. Expuso las falsas pretensiones de los líderes religiosos con gráficas advertencias, y desafió a la gente a demostrar su arrepentimiento en formas prácticas, como el cuidado de los pobres, trabajar con integridad y mostrar amor a otros (Lucas 3.11–14). Predicaba con tal convicción y autoridad que algunos que le escuchaban pensaron que quizá él sería el Mesías. Pero Juan rápidamente acalló esos falsos rumores. Cuando los sacerdotes y levitas le preguntaron quién le había enviado de Jerusalén para conocer su identidad, Juan respondió: «Yo no soy el Cristo» (Juan 1.19–20). Asimismo les decía a las multitudes: «Yo a la verdad os bautizo en agua; pero viene uno más poderoso que yo, de quien no soy digno de desatar la correa de su calzado; él os bautizará en Espíritu Santo y fuego» (Lucas 3.16).

Juan conocía su posición y su tarea. Por tanto, nunca intentó buscar honor para sí mismo, sino solo para aquel cuya venida proclamaba. Desde su infancia, Juan había escuchado muchas veces sin lugar a duda el anuncio que hizo el ángel de su nacimiento y de su llamado, un propósito que nunca comprometió ni manipuló para su propio beneficio.

Aunque ministró en el desierto, la predicación de Juan tuvo un gran impacto en las ciudades de Israel. Según el relato de Mateo: «Y salía a él Jerusalén, y toda Judea, y toda la provincia de alrededor del Jordán, y eran bautizados por él en el Jordán, confesando sus pecados» (3.5–6). Las multitudes viajaban para oírle predicar, muchos recibían convicción de pecado y se bautizaban como señal de su deseo de arrepentirse y su disposición a recibir al Mesías.

A diferencia del lavamiento ceremonial levítico, que conllevaba lavarse las manos repetidas veces, los pies y la cabeza para simbolizar la necesidad de una purificación continua del pecado recurrente, el bautismo de Juan era un evento único. El paralelismo más cercano en las prácticas judías de aquella época era un ritual que no era para los israelitas nativos: el bautismo de prosélitos gentiles para formar parte del judaísmo. Ese paralelismo lo reconocían los judíos a quien Juan predicaba. Quienes se arrepintieran verdaderamente tenían que reconocer que, en lugar de ser superiores, no eran mejores que los paganos no judíos, espiritualmente hablando. Aunque eran físicamente descendientes de Abraham, si no se arrepentían, eran completos extraños para el reino de Dios. Para simbolizar su reconocimiento de esa realidad, Juan llamaba a los judíos a bautizarse de la misma manera que un prosélito gentil.

BAUTISMO DEL REY

El lugar exacto del ministerio bautismal de Juan junto al río Jordán es desconocido. El apóstol Juan destaca que era acerca de «Betábara [o Betania], al otro lado del Jordán» (1.28), pero los arqueólogos no están seguros del lugar exacto de esa ciudad antigua. Probablemente sería hacia el extremo sureste del río, cerca de Jericó y del mar Muerto, razón por la cual los habitantes que acudían en masa a escuchar a Juan predicar eran de los alrededores de Jerusalén y Jericó.

Puede que Juan se sorprendiera cuando las enormes multitudes se acercaban a escucharle, especialmente cuando los antagonistas escribas y fariseos aparecieron. Pero se quedó perplejo cuando Jesús, el Rey mismo, apareció entre la multitud y pidió ser bautizado. Estaba claro que si alguien *no* necesitaba un bautismo de arrepentimiento era el Mesías, el Hijo de Dios que no tenía pecado. Por eso, Mateo 3.14–15 dice:

> Mas Juan se le oponía, diciendo: Yo necesito ser bautizado por ti, ¿y tú vienes a mí? Pero Jesús le respondió: Deja ahora, porque así conviene que cumplamos toda justicia. Entonces le dejó.

Por inimaginable que fuera, Jesús había venido a propósito ante Juan para ser bautizado. Cuando vio por primera vez a Jesús que se le acercaba, Juan declaró: «He aquí el Cordero de Dios que quita el pecado del mundo. Este es aquel de quien yo dije: Después de mí viene un varón, el cual es antes de mí; porque era primero que yo» (Juan 1.29–30). En ese breve saludo, el profeta que bautizaba expresó la profunda verdad de la Persona y misión de Jesús, destacando la obra redentora de Cristo como el Cordero de Dios y su eternidad como Hijo de Dios. Es entendible que la primera reacción de Juan fuera pensar que el Redentor debiera bautizarlo a él, no al revés.

El bautismo de Juan era una forma en que los pecadores simbolizaban físicamente su arrepentimiento de pecado, pero Jesús vino a ser bautizado aunque era absolutamente sin pecado. Asombrado, Juan debió de preguntarse: «¿Por qué querrá alguien que es perfecto y que quita el pecado del mundo participar de una ceremonia que simboliza apartarse del pecado?»

Jesús le explicó con paciencia a Juan que, aunque pudiera resultar confuso, debía ser bautizado para que «cumplamos toda justicia». ¿Qué quiso decir con eso? Simplemente que el bautismo de Juan era de Dios, que lo había ordenado como un acto de justicia, un requisito de Dios. Y Jesús hizo todas las cosas que Dios declaraba que eran justas como parte de su total obediencia a su Padre.

El bautismo de Jesús también demostraba otras tres cosas relacionadas. En primer lugar, mostraba su disposición a identificarse con los pecadores a quienes vino a salvar. Como primera acción de su ministerio público, el Amigo de los pecadores se relacionó con los injustos, al someterse a un bautismo diseñado para pecadores. En segundo lugar, su bautismo sirvió como símbolo de su muerte y resurrección. Prefiguró el acto final de su ministerio público, su crucifixión y su consiguiente victoria sobre la muerte. Finalmente, el bautismo de Juan sirvió como una ceremonia de coronación, y como un adecuado comienzo para su obra pública. Cuando salió del agua, Dios Padre le comisionó con una voz del cielo. En palabras de Mateo:

> Y Jesús, después que fue bautizado, subió luego del agua; y he aquí los cielos le fueron abiertos, y vio al Espíritu de Dios que descendía como paloma, y venía sobre él. Y hubo una voz de los cielos, que decía: Este es mi Hijo amado, en quien tengo complacencia. (Mateo 3.16–17)

Para Jesús, su bautismo marcó el comienzo de su ministerio de predicación. Para Juan, fue el clímax de la tarea que había recibido de Dios. El fiel precursor había cumplido su misión de proclamar la venida de Cristo y preparar el camino para su llegada.

Tras este punto, Juan buscó intencionadamente desarrollar un papel decreciente al señalar a la gente que se alejarán de él y se acercaran a Jesucristo. Alentó a sus discípulos a convertirse en seguidores de Jesús (Juan 1.34–36); y cuando algunos de sus otros discípulos tuvieron celos de la popularidad de Jesús, Juan les dijo:

> Vosotros mismos me sois testigos de que dije: Yo no soy el Cristo, sino que soy enviado delante de él. El que tiene la esposa, es el esposo; mas el amigo del esposo, que está a su lado y le oye, se goza grandemente de la voz del esposo; así pues, este mi gozo está cumplido. Es necesario que él crezca, pero que yo mengüe. (Juan 3.28–30)

Sin ningún deseo de competir con Cristo, Juan gozosamente le dio paso a Él. Había cumplido su llamado, por lo que pasó a un segundo plano, después a la prisión y a la muerte.

LOS ÚLTIMOS DÍAS DE JUAN

Desde una perspectiva terrenal, la vida y la carrera de Juan terminaron en desastre. Había sido un profeta celoso y valiente, que cumplió fielmente su función y proclamó con valentía exactamente lo que Dios le había llamado a decir. Tuvo la valentía de confrontar, pero su firme compromiso con el Señor le llevó a sufrir la prisión.

Fue así.

Mientras visitaba Roma, Herodes Antipas, que gobernaba Galilea para los italianos, sedujo a una mujer casada llamada Herodías. Para empeorar las cosas, ella era de su propia familia: esposa de su hermano Felipe. Cuando regresó a Galilea, Herodes se divorció de su esposa y se casó con Herodías, cometiendo así tanto adulterio como incesto. Juan el Bautista, como predicador directo que confrontaba el pecado, expuso con franqueza la grave inmoralidad de Herodes. Este se vengó haciendo que arrestaran a Juan y le metieran en prisión. De no haber sido por la popularidad de Juan entre el pueblo, a la cual temía Herodes, el malvado gobernante le habría matado de inmediato (Mateo 14.5).

El duro profeta fue conducido a una antigua fortaleza en Maqueronte, situada en una región desértica y desolada cerca del mar Muerto. Cambiando la libertad del desierto por un pequeño agujero, sufrió largos meses de vergüenza, tormento físico y soledad. Cuando escuchaba noticias acerca de Jesús, se quedaba perplejo. Al igual que los demás judíos de esa época, Juan esperaba que el Mesías estableciera el reino terrenal de justicia y paz que habían prometido los profetas. (Aunque Cristo *establecerá* su reino milenial en su regreso, ese no fue el propósito de su primera venida.) En vez de eso, Jesús estaba llevando a cabo un ministerio de sanidad, no de juicio, y se había establecido en Galilea, lejos de Jerusalén, la ciudad del

Rey. Estaba con los marginados y la gente común, y los líderes le odiaban. Juan se preguntaba si habría entendido mal los planes de Jesús. Y así, después de un año aproximadamente, Juan envió a dos de sus discípulos a preguntarle a Jesús: «¿Eres tú aquel que había de venir, o esperaremos a otro?» (Mateo 11.3). Sin lugar a duda, Juan era un verdadero creyente en el Señor Jesús y un profeta leal de Dios que había demostrado ser fiel. Cuando bautizaba a Jesús, Juan escuchó a Dios Padre declarar de forma audible que Jesús era su Hijo amado, y fue testigo del descenso del Espíritu Santo sobre Él. Aún estando en prisión, escuchó del poder milagroso de Jesús. Sin embargo, quizá cuestionando las difíciles circunstancias que seguía soportando, y preguntándose por qué Jesús no había establecido aún su reino, Juan se quedó un tanto confuso.

Pero él sabía dónde acudir para buscar respuestas a sus preguntas. Envió a sus discípulos a Jesús para clarificar y asegurarse de que Él era el Cristo. Con compasión y amabilidad, Jesús le respondió gratamente, diciendo a los discípulos de Juan:

Id, y haced saber a Juan las cosas que oís y veis. Los ciegos ven, los cojos andan, los leprosos son limpiados, los sordos oyen, los muertos son resucitados, y a los pobres es anunciado el evangelio; y bienaventurado es el que no halle tropiezo en mí. (Mateo 11.4–6)

Las palabras de Jesús no eran una reprensión, sino más bien una confirmación amorosa de su verdadera identidad. Al parecer, Cristo hizo esos milagros en presencia de los discípulos de Juan para que pudieran informarle que lo que habían visto personalmente era prueba de que sin duda Él era el Mesías. Esa era la esperanza que Juan quería que se confirmase, incluso si el plan para el reino de Cristo era diferente del que Juan había esperado.

Los discípulos de Juan llevaron las noticias de lo que habían visto al encarcelado profeta. Aunque las Escrituras no nos dicen lo que ocurrió, la implicación es que el mensaje de Jesús tuvo el efecto deseado. Las preguntas de Juan recibieron respuesta y sus preocupaciones se disiparon.

Aunque las circunstancias de Juan no cambiaron y pronto fue ejecutado, la respuesta de Jesús fue suficiente para animarle y renovar su fe y su confianza. Después de la decapitación de Juan a manos de Herodes, «llegaron sus discípulos, y tomaron el cuerpo y lo enterraron; y fueron y dieron las nuevas a Jesús» (Mateo 14.12). Fueron a Jesús porque sabían que Él querría enterarse de la muerte del mayor profeta que jamás existió y de su fiel heraldo.

UNA GRANDEZA COMO LA DE JUAN

De todos los héroes de la historia de Israel, Juan el Bautista, aunque era el más grande, también fue uno de los más inconcebibles. Ya hemos destacado algunas de las características que le hicieron ser único: su extraordinario nacimiento, su crianza en el desierto, su vestimenta excéntrica, su dieta exótica, su fiera predicación y su ministerio bautismal. Juan no poseía ninguna de las cualidades que la sociedad normalmente asocia con la grandeza. No era como ningún otro de los líderes religiosos o políticos de su época. Sin embargo, Dios le escogió para cumplir el mayor de los privilegios de cualquier persona religiosa que hubiera vivido jamás. A lo largo de su vida, Juan exhibió una humildad genuina, una devoción apasionada por la revelación de Dios y un enfoque centrado en Cristo. Por esas razones, es bien considerado como un gran héroe de la fe.

Desde el punto de vista del mundo no consiguió nada de valor duradero. Al contrario, fue odiado, menospreciado y decapitado por sus enemigos. Pero en términos de aprobación divina y privilegio, nadie había recibido jamás un llamado más honorable que Juan. Como muchos de los otros héroes de la fe, el leal servicio de Juan a Dios finalmente le costó la vida. El libro de Hebreos dice que muchos de los profetas del Antiguo Testamento fueron:

...atormentados, no aceptando el rescate, a fin de obtener mejor resurrección. Otros experimentaron vituperios y azotes, y a más de esto prisiones y cárceles. Fueron apedreados, aserrados, puestos a prueba, muertos a filo de espada; anduvieron de acá para allá cubiertos de pieles de ovejas y de cabras, pobres, angustiados, maltratados; de los cuales el mundo no era digno; errando por los desiertos, por los montes, por las cuevas y por las cavernas de la tierra. (Hebreos 11.35–38)

Como el último y mayor de los profetas del Antiguo Testamento, el ministerio de Juan terminó de modo similar en martirio. Sin embargo, el legado de su fidelidad resplandece con tanto brillo como el de todos los que le precedieron y nos recuerda cómo se mide la verdadera grandeza.

Puede que sea una conmoción para nuestra sociedad superficial saber que la grandeza no se define en términos de logros humanos, proezas atléticas, ganancia financiera, poder político o fama. En cambio, se mide por cómo una persona se relaciona con la obra de Jesucristo. Juan el Bautista fue grande debido a su proximidad con el Mesías. Igualmente para nosotros, la verdadera grandeza se encuentra en reconocer fielmente al Salvador. Se extrae de nuestra relación con aquel que es mucho mayor que Juan: el Señor Jesucristo.

En Mateo 11.11, después de destacar la increíble grandeza de Juan el Bautista, Jesús prosiguió para destacar un gráfico punto espiritual. El Señor explicó que «el más pequeño en el reino de los cielos, mayor es que él [Juan]». Al decir eso, Jesús no estaba haciendo de menos la estatura de Juan; más bien estaba enfatizando el privilegio espiritual que disfrutan todos los creyentes del Nuevo Testamento. Juan fue mayor que los profetas del Antiguo Testamento porque participó personalmente en el cumplimiento de lo que ellos simplemente habían anticipado desde la distancia (cp. 1 Pedro 1.10–11). Pero todos los creyentes después de la cruz y la resurrección disfrutan de un privilegio aun mayor, porque participamos del pleno entendimiento de la experiencia de algo que Juan solamente anticipó: la obra expiatoria de Cristo.

A nuestra llegada al cielo, nuestro privilegio se elevará infinitamente, así como el de Juan. Allí, nuestra fe se cumplirá y nuestra esperanza se materializará cuando alabemos a nuestro Salvador cara a cara. La particular grandeza de Juan tenía que ver con su función en la historia humana. En términos de herencia espiritual, sin embargo, incluso la grandeza terrenal de Juan no se puede comparar con lo que él y cada creyente disfrutarán en la gloria del cielo.

Un día nos encontraremos con Juan, y disfrutaremos con él eternamente adorando al Salvador cuya venida él proclamó tan fielmente: Jesucristo, el Cordero de Dios, que quita el pecado del mundo.

9

Jacobo: El hermano de nuestro Señor

Después, pasados tres años, subí a Jerusalén para ver a Pedro, y permanecí con él quince días; pero no vi a ningún otro de los apóstoles, sino a Jacobo el hermano del Señor.

—GÁLATAS 1.18–19

¿CÓMO HABRÍA SIDO VIVIR Y CRECER EN LA MISMA familia que Jesús? Para sus hermanos y hermanas, esa pregunta no fue hipotética, sino su diaria realidad. A pesar de la tradicional afirmación de la Iglesia Católica Romana, María no fue virgen perpetuamente (Mateo 1.25). Tras dar a luz a Jesús siendo virgen, tuvo una relación sexual normal con José que hizo que diera a luz al menos a seis hijos más. Lucas 2.7 da a entender que María tuvo otros hijos al llamar a Jesús su *primogénito*; Mateo 13.55–56 y Marcos 6.3 incluso enumeran los nombres de los hermanos de Jesús: Jacobo, José, Simón y Judas. Estos pasajes también destacan que Jesús tuvo varias hermanas, aunque no se dan sus nombres. Las familias judías del primer siglo normalmente eran muy grandes, y la familia de José y María no fue la excepción. Aunque Jesús es el Hijo unigénito de Dios (Juan 3.16), no fue el único hijo de

María. En casa de José y María vivieron siete o más hijos, cinco varones (incluyendo a Jesús) y al menos dos mujeres. Jesús, por supuesto, no era hijo biológico de José. Por tanto, sus hermanos técnicamente eran hermanastros y hermanastras. Pero claramente, como vivió con la familia como hijo terrenal de María y José (Mateo 13.55; Lucas 2.48), y como hermano mayor de sus hermanos, era uno de ellos. Fue en ese contexto en el que nuestro Señor se desarrolló de niño a adulto. Cerca de treinta años, trabajó humildemente como el hijo de un carpintero en la pequeña aldea de Nazaret junto a sus hermanos y hermanas.

CRECER CON JESÚS

Por tanto, ¿cómo sería crecer en la misma casa que el Hijo de Dios?

A lo largo de los siglos, esta pregunta ha provocado innumerables leyendas y relatos apócrifos acerca de la infancia de Jesús. Abundan las historias míticas sobre cómo siendo niño purificó el agua milagrosamente, hizo que pájaros de arcilla cobraran vida, resucitó a un compañero de juegos que murió, sanó un pie con un corte provocado por una madera, reunió cien celemines de trigo de un solo grano, alargó una tabla de madera para usarla en la carpintería de José, resucitó a uno de sus maestros de la muerte y sanó a Jacobo de la mordedura de una serpiente venenosa. En un relato, unos leones y leopardos adoraron al joven Jesús; en otro, Él ordenó que un árbol inclinara sus ramas para que fuera más fácil recoger sus frutos. Según estas leyendas (y otras supersticiones estrafalarias), Jesús usaba normalmente los milagros para que la vida en la baja y pedestre Nazaret fuera más emocionante.

Pero no es así como retrata la Biblia la infancia de nuestro Señor. El crecimiento de Jesús aparentemente fue similar al de cualquier otro niño. Lucas 2.40 resume su desarrollo físico y mental con estas palabras: «Y el niño crecía y se fortalecía, y se llenaba de sabiduría; y la gracia de Dios era sobre él». Con cada año que pasaba, su cuerpo y su mente seguían desarrollándose, de tal modo que cada vez era más capaz de entender y hacer más. De hecho, se desarrolló como lo hace cualquier otro niño.

Según Hebreos 5.8, Jesús «por lo que padeció aprendió la obediencia», y Hebreos 4.15 explica que «fue tentado en todo [durante su vida] según nuestra semejanza, pero sin pecado». Incluso de niño, sufrió las continuas tentaciones que viven los niños en un mundo caído, lo que el apóstol Juan llamó «los deseos de la carne, los deseos de los ojos, y la vanagloria de la vida» (1 Juan 2.16). Según crecía en «cada momento», llegaban también las tentaciones más propias de cada edad y relacionadas con su proceso de madurez. La diferencia entre Jesús y otros no estaba en el desarrollo normal y sus tentaciones. Él las tuvo como cualquier otra persona (convirtiéndole en un Sumo Sacerdote compasivo y fiel que ha sido tentado con todos los sentimientos de nuestras debilidades); la diferencia estaba en que Él nunca pecó. A diferencia de cualquier otra persona que haya vivido o vivirá jamás, Él nunca tuvo una mala actitud, nunca desobedeció a sus padres, nunca se quejó por la comida, nunca peleó con sus hermanos, nunca mintió, nunca entretuvo un mal pensamiento, nunca murmuró sobre un amigo ni calumnió a sus enemigos, y nunca desperdició un momento de su tiempo. Y eso le ocurrió en cada situación y forma de tentación toda su vida. Ocurrió que justamente a través de esas tentaciones sobre las que siempre triunfó, aprendió por experiencia propia lo que era obedecer a su Padre celestial en todo durante todo el tiempo. Ciertamente, esta santa perfección absoluta le hizo ser tanto el favorito de sus padres como la envidia de sus hermanos. El hecho de que incluso la perfección en toda su vida no persuadiera a sus hermanos de que era el Mesías (cp. Juan 7.5), es evidencia de que ellos no solo le envidiaban, sino que también tenían resentimiento con Él.

El único detalle histórico que tenemos de la infancia de Jesús lo encontramos en Lucas 2.40–52, donde se describe su visita al templo a la edad de doce años. Como cada año, María y José fueron a Jerusalén a celebrar la Pascua, llevando a Jesús y probablemente a toda su familia con ellos. Viajaban en grandes caravanas con otros peregrinos de Nazaret y Galilea, emprendiendo un viaje de cuatro días al sureste alrededor de Samaria y al oeste de Jerusalén desde Jericó.

Al término de la celebración de la Pascua, José y María se unieron a la caravana y emprendieron su viaje de regreso a Nazaret. Al no haber tenido razón para poner en duda la fiabilidad y responsabilidad de Jesús, simplemente supusieron que estaría en algún lugar entre la multitud de los que viajaban, quizá caminando más adelante con amigos o familiares.

Como Jesús era el niño del que nunca había que preocuparse, había transcurrido ya un día de camino cuando le echaron en falta. María y José pronto descubrieron que se había quedado en Jerusalén. Lucas lo cuenta de este modo:

> Pero como no le hallaron, volvieron a Jerusalén buscándole. Y aconteció que tres días después le hallaron en el templo, sentado en medio de los doctores de la ley, oyéndoles y preguntándoles. Y todos los que le oían, se maravillaban de su inteligencia y de sus respuestas. Cuando le vieron, se sorprendieron; y le dijo su madre: Hijo, ¿por qué nos has hecho así? He aquí, tu padre y yo te hemos buscado con angustia. Entonces él les dijo: ¿Por qué me buscabais? ¿No sabíais que en los negocios de mi Padre me es necesario estar? Mas ellos no entendieron las palabras que les habló. (Lucas 2.45–50)

Como demuestra esta dramática escena, cuando Jesús tenía doce años había entendido totalmente quién era exactamente y por qué Dios le había enviado del cielo a la tierra. Su respuesta a María y José, sin ninguna intención de mostrar falta de respeto hacia ellos, fue más bien una profunda declaración de que conocía su identidad y su misión. Al llamar al grande y sagrado templo de Dios la casa de su Padre, Jesús se identificaba como el Hijo de Dios. Esa fue una afirmación impactante que los judíos vieron como una blasfemia (cp. Juan 5.18). Pero sus padres sabían que era la verdad. Aunque no ocurrió nada sobrenatural en ese intercambio, fue tan profundamente divino como un gran milagro.

Pero incluso después de esa monumental declaración, Jesús regresó sumisamente con María y José a la familia, para vivir allí otros dieciocho años. Según Lucas 2.51, siguió sometido a ellos, y a ojos de sus amigos y familiares retomó su vida normal. La naturalidad de la infancia de Jesús y sus primeros años de adulto se confirma con el hecho de que, cuando comenzó su ministerio público, sus anteriores vecinos de Nazaret no creían que fuera el Mesías o el Hijo de Dios. Su familiaridad con Él produjo menosprecio en sus corazones. «¿No es este el hijo del carpintero? ¿No se llama su madre María, y sus hermanos, Jacobo, José, Simón y Judas? ¿No están todas sus hermanas con nosotros? ¿De dónde, pues, tiene éste todas estas cosas?» (Mateo 13.55–56). Como siempre supusieron que era un hombre como los demás, aunque fuera más justo, no quisieron creer que era, en verdad, el redentor de Israel y del mundo.

Los hermanos de Jesús estaban tan afianzados en su incredulidad, que al ver su ministerio dijeron que la explicación de sus extrañas afirmaciones era que estaba «fuera de sí» (Marcos 3.21; cp. Juan 7.5). Su incredulidad era inexcusable, y demostraba la veracidad de la declaración de Jesús de que «No hay profeta sin honra sino en su propia tierra, y entre sus parientes, y en su casa» (Marcos 6.4). Pero por otro lado, su escepticismo daba testimonio de la verdadera humanidad de Jesús. Claramente, Él no había realizado ningún milagro para ellos mientras crecía. Su obra con milagros no comenzó hasta el comienzo de su ministerio público, razón por la que Juan 2.11 dice de manera enfática que la conversión del agua en vino fue «el principio de señales» que hizo Jesús.

En medio de todo eso, la vida perfecta del Señor resaltaba como verdadera y misteriosamente extraordinaria, en claro contraste con la conducta de Jacobo, José, Simón, Judas y sus hermanas. El que ese gráfico testimonio no convenciera sus corazones ni les hiciera ver la verdadera identidad de Él evidencia que «la familiaridad produce menosprecio» y la perfección genera rechazo. Increíblemente, la gloria de Dios en Jesús produjo celos en sus mentes; actitudes que se convirtieron en mofa y menosprecio cuando Jesús comenzó su ministerio público. A lo largo de la historia, muchos hermanos menores han tenido resentimiento por las grandes expectativas creadas por sus hermanos mayores. ¡Pero imagine un hermano mayor perfecto que nunca pecó! Para los hermanos menores de Jesús, sus propias deficiencias pecaminosas se pronunciaban aun más en comparación con Él. Como todos los demás niños, eran desobedientes y se metían en problemas (y como resultado recibían disciplina), pero Jesús nunca se portó mal; y es probable que oyeran de sus padres, especialmente de María, cómo debían seguir el ejemplo de su hermano mayor. Había muchas oportunidades para que las semillas del resentimiento y la envidia fueran plantadas en sus corazones.

Las dos veces que se nombra a los hermanos de Jesús en los evangelios, se menciona a Jacobo en primer lugar, lo cual sugiere que era el mayor, probablemente uno o dos años más joven que Jesús. Como el segundo en nacer, Jacobo había vivido y sentido las diferencias entre él mismo y Jesús durante más tiempo que sus otros hermanos. Cuando Jesús se fue de Nazaret y comenzó su ministerio público, Jacobo se convirtió en el líder de la familia. (Es probable, ya que nunca se le menciona, que José hubiera muerto en ese entonces. En la cruz, por ejemplo, María claramente era viuda: cp. Juan 19.26–27.) De ser así, Jacobo habría sido el portavoz de los hermanos de Jesús, el más activo en proclamar una actitud de crítica e incredulidad (cp. Juan 7.3–5).

EL HERMANO CREYENTE

No hay indicaciones en ninguno de los cuatro evangelios de que los hermanos de Jesús llegaran a creer en Él durante los años de su ministerio público; pero después de su muerte, resurrección y ascensión, hay un cambio drástico y milagroso. ¡Sus hermanos están presentes entre los creyentes que se habían reunido en el aposento alto esperando la venida del Espíritu en Pentecostés! Según Hechos 1.14, cuando Jesús ascendió a los cielos, los apóstoles «perseveraban unánimes en oración y ruego, con las mujeres, y con María la madre de Jesús, y con sus hermanos». Jacobo, Simón, José y Judas, no siendo ya antagonistas, habían creído en Él como Mesías y Señor.

¿Qué produjo ese milagro? ¿Cómo aceptaron la fe salvadora estos recalcitrantes hermanos, y en particular Jacobo, de tal forma que llegaron a unirse a quienes seguían a Jesús? La increíble respuesta la encontramos en 1 Corintios 15, donde Pablo repasó las apariciones de nuestro Señor después de su resurrección:

> Porque primeramente os he enseñado lo que asimismo recibí: Que Cristo murió por nuestros pecados, conforme a las Escrituras; y que fue sepultado, y que resucitó al tercer día,

conforme a las Escrituras; y que apareció a Cefas [Pedro], y después a los doce. Después apareció a más de quinientos hermanos a la vez, de los cuales muchos viven aún, y otros ya duermen. Después apareció a Jacobo; después a todos los apóstoles. (vv. 3–7)

Como explica este pasaje, Jesús se apareció personalmente después de la resurrección a Jacobo (y es posible que también a los otros hermanos). ¡Qué reunión más fascinante debió haber sido! Sin duda, fue el momento de la conversión de Jacobo, y explica por qué él estaba entre los creyentes en el aposento alto. ¡Había visto al Cristo resucitado y reconoció a su hermano como su Señor!

Así, Jacobo, el tercamente escéptico segundo hijo de María, aceptó la fe salvadora en su hermanastro mayor, el Señor Jesucristo, mediante una aparición después de la resurrección. Por tanto, Jacobo estaba ahí cuando la iglesia se fundó el día de Pentecostés, y no pasaría mucho tiempo hasta llegar a alcanzar una función de liderazgo estratégico. Los otros hermanos de Jesús también se convirtieron en miembros clave de la iglesia primitiva. Judas, por ejemplo, escribió la epístola del Nuevo Testamento que lleva su nombre.

El Nuevo Testamento no revela mucho sobre la vida personal de Jacobo. Era de Nazaret, claro está. Podemos intuir que, al igual que Jesús, fue formado como carpintero bajo el tutelaje de su padre José. Como galileo, no solo hablaba arameo, sino también griego, lo cual explica el excelente griego que se encuentra en su epístola. Por la declaración de Pablo en 1 Corintios 9.5, también sabemos que estaba casado.

Aunque había conocido a Jesús por más de tres décadas, no creyó en Él hasta que su hermano resucitado se le apareció y le salvó. En el establecimiento de la iglesia, Jacobo fue señalado como alguien de mucho valor para el ministerio.

UNA COLUMNA DE LA IGLESIA

Tras el comienzo de la iglesia el día de Pentecostés, debido a que los doce apóstoles estaban a menudo fuera predicando el evangelio, Jacobo se convirtió finalmente en un líder destacado de la grey en Jerusalén. Haciendo uso de un término contemporáneo, se convirtió en su *pastor principal*.

Hay un par de pasajes del Nuevo Testamento que hacen alusión a la posición tan vital que ocupó Jacobo. Por ejemplo, tres años después de la conversión de Pablo, y unos cinco años después de Pentecostés, el anterior fariseo fue en secreto a Jerusalén para ver a algunos de los principales líderes de la iglesia. Significativamente, se reunió solo con Pedro y «Jacobo el hermano del Señor» (Gálatas 1.18–19). Varios años después, cuando Pedro fue liberado en forma milagrosa de la prisión, les dijo a los creyentes que habían orado por él que hicieran «saber esto a Jacobo y a los hermanos» (Hechos 12.17). Como Jacobo se había convertido en el eje del liderazgo de la iglesia en Jerusalén, cualquier asunto relevante relacionado con la iglesia debía pasar por él.

El liderazgo de Jacobo quedó explícito en el importante Concilio de Jerusalén, donde se resolvieron algunas controversias teológicas importantes en la iglesia primitiva con respecto a la esencia del evangelio. Se estimuló cuando en el año 49A.D., después de terminar su primer viaje misionero, Pablo y Bernabé tuvieron un conflicto con los maestros legalistas que insistían en que los cristianos gentiles debían practicar ciertos aspectos del judaísmo para ser salvos. Según Hechos 15.1: «Entonces algunos que venían de Judea enseñaban a los hermanos: Si no os circuncidáis conforme al rito de Moisés, no podéis ser salvos». Esos falsos maestros, conocidos en la historia de la iglesia como los *judaizantes*, estaban combinando las obras de la ley de Moisés con la gracia del evangelio. Como resultado, estaban destruyendo la gracia (véase Romanos 11.6) y predicando otro evangelio totalmente distinto (Gálatas 1.8–9).

El asunto obviamente era crítico, ya que se trataba del mismísimo corazón del evangelio y la salvación. Así, se organizó un concilio y Pablo y Bernabé viajaron a Jerusalén para reunirse con los doce apóstoles y los líderes de la iglesia allí. Con referencia a esa visita, Pablo describió a Jacobo como una de las «columnas» de la iglesia (Gálatas 2.9), junto a los apóstoles Pedro y Juan.

Hechos 15.4–30 detalla la función concreta que Jacobo desempeñaba dando dirección al Concilio de Jerusalén. Después de que Pablo y Bernabé relataran la salvación que Dios les estaba concediendo a los gentiles al serles predicado el evangelio de la gracia (v. 4), los legalistas judíos hostiles se opusieron con estas demandas: «Es necesario circuncidarlos, y mandarles que guarden la ley de Moisés» (v. 5). Ese énfasis en las obras nuevamente puso el quid de la cuestión al descubierto. Así pues, «se reunieron los apóstoles y los ancianos para conocer de este asunto» (v. 6).

Se llevó a cabo un largo debate y una discusión, después de lo cual el apóstol Pedro expresó la decisión del concilio, decidiendo que todos los creyentes, judíos o gentiles, son salvos solo por gracia mediante la fe. En los versículos 7–11, Pedro explica:

Y después de mucha discusión, Pedro se levantó y les dijo: Varones hermanos, vosotros sabéis cómo ya hace algún tiempo que Dios escogió que los gentiles oyesen por mi boca la palabra del evangelio y creyesen. Y Dios, que conoce los corazones, les dio testimonio, dándoles el Espíritu Santo lo mismo que a nosotros; y ninguna diferencia hizo entre nosotros y ellos, purificando por la fe sus corazones. Ahora, pues, ¿por qué tentáis a Dios, poniendo sobre la cerviz de los discípulos un yugo que ni nuestros padres ni nosotros hemos podido llevar? Antes creemos que por la gracia del Señor Jesús seremos salvos, de igual modo que ellos.

Como aclara la declaración de Pedro, los pecadores reciben el perdón y la reconciliación con Dios mediante la fe; la salvación es otorgada por Dios mediante su gracia soberana, no por el cumplimiento de las obras de la ley por parte del hombre. Cuando Pedro hubo terminado de hablar, Jacobo también dio una respuesta que llevaba todo el peso de la autoridad, no solo porque él era el líder de la iglesia de Jerusalén y quien presidía el concilio, sino porque fue el Espíritu Santo quien dirigió la decisión del cónclave (v. 28). Las palabras de Jacobo se hacen eco de las de Pedro, regocijándose en el hecho de que el Señor «visitó por primera vez a los gentiles, para tomar de ellos pueblo para su nombre» (v. 14). Con la decisión del concilio finalizada, Jacobo envió a Pablo y a Bernabé de regreso a Antioquía con una carta, informando a los cristianos gentiles de la guía del Espíritu en su discusión. El claro veredicto era que para ser salvos no necesitaban circuncidarse ni observar la ley de Moisés (v. 24).

Incluso en esta etapa inicial de la vida de la iglesia, el evangelio de la gracia divina había sido el blanco del ataque de quienes insistían en un falso sistema de obras legalistas. El Espíritu Santo usó el liderazgo de la iglesia en Jerusalén para defender la verdad sobre la salvación. En el centro de esa defensa estaba Jacobo, el hermano de Jesús.

La prominencia de Jacobo en la iglesia de Jerusalén se resalta una última vez en Hechos 21.18. Casi una década después del Concilio de Jerusalén, Pablo regresó a esa ciudad (alrededor del 57 A.D.) Esta vez iba a ser arrestado, encarcelado y finalmente enviado a Roma para un juicio. Pero cuando llegó por primera vez a la ciudad, Pablo se reunió con «Jacobo, y se hallaban reunidos todos los ancianos» de la iglesia en Jerusalén y les informó de lo que Dios estaba haciendo entre los gentiles. Una vez más, vemos la evidencia de la posición de liderazgo que tenía Jacobo en la iglesia.

A Jacobo no se le vuelve a mencionar en el relato de Hechos. Pero según la tradición de la iglesia, fue martirizado alrededor del año 62 A.D. Cuando murió el procurador romano Poncio Festo, hubo un breve lapso de tiempo antes de que el siguiente gobernador romano se instalara en Judea. Durante ese período de transición, el sumo sacerdote judío se aprovechó de la falta de supervisión imperial y mandó arrestar a Jacobo bajo la autoridad del Sanedrín. El destacado líder cristiano fue entonces acusado y condenado por quebrantar la ley y sentenciado a muerte. Según los relatos antiguos, arrojaron a Jacobo desde el pináculo del templo, y después una turba furiosa lo apedreó y golpeó hasta matarle.

Repasando su vida, es difícil enfatizar en exceso la estratégica importancia de la influencia de Jacobo. Dirigió la infante iglesia durante un período muy tenso y crítico. Esta acababa de nacer y salir del judaísmo. Muchos cristianos judíos aún se aferraban a elementos de su anterior religión, como ir al templo a participar de las ceremonias, festivales y actividades tan familiares para ellos. Pero se estaba produciendo lentamente un cambio hacia la libertad. Más importante aun, los creyentes estaban comenzando a alcanzar a los gentiles con el evangelio. Al hacerlo, querían enfatizar la libertad que existe en Cristo, pero sin ofender a los judíos más escrupulosos. No es de extrañar que hubiera algo de confusión alrededor de la ley durante ese período transicional de Israel a la iglesia.

El ministerio de Jacobo, junto con los doce apóstoles, fue clave para asentar a la iglesia sobre el buen fundamento. En este sentido llegó una piedra angular clave en el Concilio de Jerusalén, donde Pedro, Jacobo y los otros discípulos claramente afirmaron el evangelio de la gracia como el verdadero evangelio.

En muchos aspectos, Jacobo fue el primer pastor modelo. A diferencia de los doce apóstoles, que finalmente se fueron de Jerusalén para llevar el evangelio por todo el mundo, Jacobo nunca se fue. Se quedó con la iglesia que amaba, dirigiéndola fielmente durante más de treinta años hasta el día que le mataron. Su compromiso con la congregación que cuidaba nunca se tambaleó. Se caracterizaba por el compromiso con la verdad, pero también por la compasión por las conciencias de sus compatriotas judíos que aún eran sensibles a las tradiciones del judaísmo. Que tenía un corazón de pastor lo vemos no solo en cómo cuidaba de la iglesia, sino también en lo que escribió: la epístola que lleva su nombre.

ESCRITOR DE LA BIBLIA

Aunque hay varios hombres llamados Jacobo [o Santiago] en el Nuevo Testamento, solo dos fueron lo suficientemente prominentes como para considerarles autores de una carta con tanta autoridad como la Epístola de Santiago. La primera posibilidad, Santiago el hijo de Zebedeo y hermano de Juan, era el conocido discípulo y apóstol de Jesús. Sin embargo, como murió a manos de Herodes Agripa I antes de que se escribiera esta epístola (cp. Hechos 12.2), no puede ser el autor.

Esto nos lleva a pensar que Jacobo, el hermano de Jesús y líder de la iglesia en Jerusalén, sea el único candidato posible para la autoría, y el peso de la evidencia respalda esta conclusión. Su relación con Jesús y la iglesia en Jerusalén sitúa a Santiago en una posición única de autoridad espiritual, haciéndole encajar como autor de este libro canónico. Además, existe una cantidad de paralelismos lingüísticos únicos entre el discurso de Jacobo en Hechos 15 y el contenido de la epístola, que los liga fuertemente a los dos. Y la evidencia de los líderes cristianos en la historia de la iglesia primitiva confirma que creían que Santiago, el hermano de Jesús, es el autor.

La epístola se escribió a los creyentes judíos que habían huido de Jerusalén, probablemente en respuesta a la persecución instigada por Herodes alrededor del año 44 A.D. La carta no menciona los eventos de Hechos 15 ni el Concilio de Jerusalén, lo cual sugiere que se escribió antes del 49 A.D. Así, Santiago probablemente escribió esta carta de mitad a finales de la década del año cuarenta, haciéndola con ello el primer libro del Nuevo Testamento en escribirse, con Gálatas como segundo (a comienzos de la década del año 50).

Incluso una lectura rápida de la Epístola de Santiago evidencia su fuerte énfasis en la aplicación: una característica que refleja el corazón pastoral de su autor. Es más, de esta carta podemos discernir al menos cinco rasgos de carácter notables sobre Santiago mismo.

En primer lugar, Santiago era un hombre de verdadera humildad. Esto es evidente porque, aunque era el hijo de María, hermanastro de Jesús, y el líder de la iglesia en Jerusalén, comenzó su carta describiéndose a sí mismo simplemente como «siervo [literalmente *esclavo*] de Dios y del Señor Jesucristo» (Santiago 1.1). No mencionó sus relaciones familiares ni su prominente posición en Jerusalén. Al contrario, enfatizó que era esclavo de Dios y del Señor Jesús. Qué sorprendente testimonio, ¡especialmente como hermano menor! En el Antiguo Testamento, el término *esclavo de Dios* se consideraba un título de honor y un privilegio. Hombres tan destacados como Abraham, Moisés, Josué, David y Elías, recibieron este nombre, indicando su consagrada devoción y servicio sacrificial al Señor. Al asumir este título, Santiago se identificaba a sí mismo con aquellos cuyo valor y honor no procedían de ellos, sino de aquel a quien se sometían.

En segundo lugar, Santiago era un hombre justo. De hecho, se le conoce en la historia de la iglesia como «Santiago el justo». De forma apropiada, el tema de la vida justa invade toda su epístola. En solo cinco capítulos intercala cincuenta imperativos, mandando repetidamente a los lectores que reciban una vida de obediencia sumisa a Dios y a su Palabra. Su carta subraya la aplicación de la verdad, enfatizando el fruto espiritual que debería caracterizar la vida de todo verdadero creyente. Como pastor, Santiago había visto los devastadores efectos del orgullo, la ira, el egoísmo, el favoritismo, el materialismo y la división en la iglesia. Escribió para advertir a sus lectores que evitaran esas trampas cargadas de pecado.

En tercer lugar, Santiago era un pastor amoroso. Aparece como un hombre de gran compasión y solidaridad, especialmente con los pobres y desamparados. No mostró tolerancia con el favoritismo en la iglesia, sino que procuró la unidad en el cuerpo de Cristo. La iglesia, escribió, debiera ser un lugar de convivencia de ricos y pobres, en la que las necesidades de cada uno son suplidas y la comunicación está caracterizada por la sabiduría celestial. Debe haber unidad, al someterse los creyentes a sus ancianos y orar fielmente unos por otros. Veía la iglesia como un grupo de personas que debieran amarse humildemente unos a otros. Incluso se refirió a ellos como sus «amados».

En cuarto lugar, Santiago era un hombre de la Palabra y de oración (cp. Hechos 6.4). Su maestría con las Escrituras se ve en el hecho de que su breve epístola contiene cuatro citas directas del Antiguo Testamento y más de cuarenta alusiones al mismo. También incluye varios paralelismos con el Sermón del Monte, haciéndose así eco de las enseñanzas de Jesús. Exhortó a sus lectores a escuchar y obedecer la Palabra, y a no ser oidores olvidadizos. Su compromiso con la oración se enfatiza tanto al comienzo como al final de su carta. En el capítulo 1, enseña a sus oyentes a pedirle a Dios sabiduría en medio de las pruebas. En el capítulo 5, una vez más en el contexto de la enfermedad y las pruebas, les exhorta a orar como lo hizo Elías, con la confianza de que «la oración eficaz del justo puede mucho» (Santiago 5.16). Algunos relatos antiguos informan que Santiago mismo oraba tanto, ¡que sus rodillas se volvieron callosas como las de los camellos!

En quinto lugar, Santiago era teólogo. En su única carta, proporcionó una teología del sufrimiento, una teología del pecado y la tentación, una teología de la caída, una teología del mundo demoniaco, una teología de la ley y la fe, una teología de la iglesia y una teología de Dios y Cristo. Presentó a Cristo como la fuente de sabiduría, aquel ante quien todos los hombres y las mujeres se humillan, aquel que controla la historia y el destino humano, el Rey venidero y el gran Médico. Además enfatizó que Dios es un Dios, el Creador del mundo, la fuente de justicia, el objeto de la adoración, la guía a la verdadera sabiduría, el rey soberano, el enemigo del pecado y la mundanalidad, el líder de los ejércitos celestiales, el juez de todo y el compasivo receptor de aquellos que se arrepienten.

Aunque solo tiene cinco capítulos, la carta contiene tanto verdades profundas como aplicación personal. Su tono es personal y a la vez pastoral, como esperaríamos de su autor. Santiago era un hombre que practicaba lo que predicaba y que guió con amor a esa generación inicial de creyentes en Jerusalén a hacer lo mismo.

¿SANTIAGO CONTRA PABLO?

Deberíamos terminar la historia de Santiago en este punto, pero no podemos. ¿Por qué? Porque la Epístola de Santiago ha sufrido innecesarios y a la vez fuertes ataques de la crítica durante los años. Aunque Santiago, junto a Pedro y los otros apóstoles, afirmó claramente en el Concilio de Jerusalén el evangelio de gracia que predicaban Pablo y Bernabé, algunos escépticos han sugerido que, en realidad, Santiago y Pablo estaban en desacuerdo en su teología del evangelio. La controversia se centra en el tema de la fe. Pablo, en Romanos 3.28, explicó que «el hombre es justificado por fe sin las obras de la ley». Reiteró esta misma verdad en Efesios 2 y Tito 3. Pero en Santiago 2.24, Santiago termina diciendo que «el hombre es justificado por las obras, y no solamente por la fe». A primera vista, parece que Pablo y Santiago están enseñando verdades opuestas. Entonces, ¿cómo deben entender los creyentes esta aparente contradicción?

La tensión se alivia de inmediato cuando nos damos cuenta de que Pablo estaba discutiendo la *esencia* o *raíz* de la justificación (en cuanto a la posición del creyente ante Dios), mientras que Santiago estaba hablando de la *evidencia* o *resultados* de la justificación (en la vida del creyente después de la conversión). Por un lado, los pecadores son salvos por gracia mediante la fe en Cristo solamente. Ese era el punto de Pablo, y Santiago estaba de acuerdo con él (cp. Santiago 1.17–18). De hecho, ese fue el asunto que se resolvió en el Concilio de Jerusalén en Hechos 15. Por otro lado, quienes son verdaderamente salvos demostrarán en sus vidas frutos del arrepentimiento; si sus vidas no tienen fruto, su profesión de fe es falsa. Ese era el punto de Santiago y Pablo coincidió con eso (véase Romanos 6.1, 15). Pablo y Santiago estaban perfectamente de acuerdo el uno con el otro, tan solo estaban enfatizando dos lados de la misma realidad: *fe* y su *fruto*. Como explicó Pablo en Efesios 2.8–10:

> Porque por gracia sois salvos por medio de la fe; y esto no de vosotros, pues es don de Dios; no por obras, para que nadie se gloríe. Porque somos hechura suya, creados en Cristo Jesús para buenas obras, las cuales Dios preparó de antemano para que anduviésemos en ellas.

Al enfatizar tanto la *fe* como los *frutos del arrepentimiento* ambos, Pablo y Santiago, estaban haciéndose eco de las enseñanzas de Jesús. El enfoque de Pablo en la *fe* volvía a reiterar la verdad de Mateo 5.3: «Bienaventurados los pobres en espíritu, porque de ellos es el reino de los cielos». Como le dijo el Señor a Nicodemo: «Porque de tal manera amó Dios al mundo, que ha dado a su Hijo unigénito, para que todo aquel que en él cree, no se pierda, mas tenga vida eterna» (Juan 3.16). El énfasis de Santiago en el *fruto* tenía el sonido de Mateo 7.21: «No todo el que me dice: Señor, Señor, entrará en el reino de los cielos, sino el que hace la voluntad de mi Padre que está en los cielos». Unos cuantos versículos antes, Jesús describió la conducta humana con estas palabras: «Por sus frutos los conoceréis... Así, todo buen árbol da buenos frutos, pero el árbol malo da frutos malos» (Mateo 7.16–17).

Repito: no hay discrepancia entre los escritos de Pablo y de Santiago. Pablo declaró que las obras de justicia no nos pueden salvar. Santiago dijo que si no hay obras de justicia, no hemos sido salvos. En otras palabras, tanto Santiago como Pablo veían las buenas obras como la *prueba* de la salvación, no como el *medio* para salvarse. Su encuentro en Hechos 15 y 21 confirma el hecho de que cualquier supuesta contradicción entre ellos existía solo en la mente de los escépticos.

UN HÉROE INCONCEBIBLE

De varias formas, podríamos esperar que el hermanastro de Jesús fuera un líder influyente en la iglesia primitiva. Después de todo, creció como parte de esa familia tan privilegiada.

Sin embargo, en el caso de Santiago, su familiaridad con Jesús fue durante mucho tiempo el mayor obstáculo para su salvación. Como sus vecinos de Nazaret, Santiago estaba lleno de incredulidad y menosprecio cuando su hermanastro mayor afirmó ser el Mesías. Su escepticismo no se debía a alguna imperfección que hubiera visto en el carácter de Jesús, sino más bien a la normalidad de la infancia de este. Quizá Santiago había albergado resentimiento y celos, probablemente en base a los agudos contrastes existentes entre él y su hermano mayor. Esos sentimientos de envidia llegaron a su máxima expresión cuando Jesús se hizo una figura pública popular.

Pero el Señor tenía planes para Santiago. En un acto de gracia divina después de su resurrección, Jesús se apareció personalmente a Santiago. En ese acto de profunda misericordia, Cristo disipó la duda de Santiago y su escarnio, y fue radicalmente transformado. Cuando aparece en el libro de los Hechos, es un hombre sin menosprecio, y se ha convertido en un adorador de Jesús como su Señor y Salvador. Finalmente, la amorosa lealtad de Santiago a Jesús fue tan fuerte que dio su vida como mártir, en vez de negar a su hermano como su Señor.

Cuando la iglesia estaba dando sus primeros pasos, se le confió a Santiago la vital función de liderazgo. A medida que se producía la transición, de una iglesia predominantemente judía a una principalmente gentil, y a medida que los apóstoles ministraban de un sitio a otro, se hizo necesario un líder fuerte que aportara sabiduría y estabilidad a los ancianos de la iglesia en Jerusalén. Santiago, con el poder del Espíritu, hizo eso.

En su ministerio y sus escritos, a Santiago a veces se le sitúa en una posición contraria al apóstol Pablo. Sin embargo, en realidad ambos están contendiendo por las mismas verdades. A lo largo de la historia de la iglesia, la mayor amenaza teológica para la institución se ha producido a través de los ataques contra la verdadera esencia del evangelio. Ese fue el principal tema de la Reforma protestante. Es una batalla que se sigue librando aún en la actualidad. Fue el mayor debate doctrinal de la iglesia primitiva, y Santiago resalta como héroe por aportar un liderazgo piadoso en medio de esa crítica batalla, y afirmar con osadía el evangelio de gracia, declarando al mismo tiempo que el Espíritu Santo producirá obras justas en las vidas de las personas que son verdaderamente salvas.

Comenzamos este capítulo preguntando cómo habría sido crecer con Jesús. En la otra cara de la moneda, podríamos señalar que en la eternidad pasada Jesús mismo decidió quiénes serían sus hermanos y hermanas. Como Creador (Juan 1.3), predeterminó la familia en la que viviría durante treinta años. De hecho creó a Santiago como su hermanastro menor, habiéndole escogido también soberanamente para ser su hermano espiritual (cp. Hebreos 2.11). Jesús incluso diseñó a Santiago con las cualidades que necesitaría para poder darle a la iglesia en Jerusalén su primer pastor principal (véase Efesios 4.11).

El Señor creó, llamó, salvó y equipó a Santiago con la utilidad necesaria para manifestar su gloria, y hace lo mismo con todos los creyentes (Romanos 8.29). Como Santiago, todos estuvimos llenos de menosprecio y odio hacia Dios en algún momento, pero si hemos llegado a aceptar la fe salvadora en Cristo, nosotros también hemos sido perdonados y equipados para un servicio espiritual. La gracia, a través de la fe en Cristo, ha asegurado totalmente nuestra salvación. Ahora, al igual que Santiago enfatizó en su epístola, debemos ponerle pies a nuestra fe, viviendo fielmente en una sumisa obediencia a la Palabra de Dios. Viviendo así, nuestra propia historia servirá para honrar al Señor Jesús, que no se avergonzó de hacernos parte de su familia (véase Romanos 8.16–17).

10

MARCOS Y ONÉSIMO: UNA HISTORIA DE DOS FUGITIVOS

El cual he enviado a vosotros... con Onésimo, amado y fiel hermano, que es uno de vosotros. Todo lo que acá pasa, os lo harán saber. Aristarco, mi compañero de prisiones, os saluda, y Marcos el sobrino de Bernabé, acerca del cual habéis recibido mandamientos; si fuere a vosotros, recibidle... y han sido para mí un consuelo.

—COLOSENSES 4.8–11

CIEN AÑOS DESPUÉS DEL INFAME HUNDIMIENTO del *Titanic*, un crucero italiano llamado *Costa Concordia* encalló en un arrecife en la costa de Italia. La colisión hizo un inmenso agujero en el casco del barco. Inmediatamente, el barco comenzó a llenarse de agua y poco después empezó a inclinarse mucho hacia el lado de estribor, atrapando en su interior a los pasajeros y haciendo que fuese difícil soltar los botes salvavidas.

Aunque menos de tres docenas de vidas se perdieron en el desastre marítimo de 2012 (comparado con los 1,514 fallecidos del *Titanic*), la historia pronto captó el interés internacional, debido en gran parte a los actos cobardes del capitán del barco,

Francesco Schettino. Este no solo fue responsable del accidente, al desviar de modo intencionado al barco de su curso establecido y navegar demasiado cerca de la costa, sino que también respondió a la crisis haciendo lo impensable: abandonó el barco mientras continuaban personas atrapadas a bordo. Increíblemente, cientos de pasajeros permanecían a bordo cuando Schettino se subió a un bote salvavidas y se alejó del naufragio que él había provocado. Intentó excusar sus actos diciendo a las autoridades que había tropezado y caído accidentalmente en un bote salvavidas; pero conversaciones grabadas entre él y el guardacostas italiano pronto sacaron a la luz un nivel de falta de carácter que es difícil de entender. Mientras esperaba en la seguridad de su bote salvavidas, oficiales guardacostas le dijeron repetidamente a Schettino que regresara al barco que se hundía y coordinara los esfuerzos de rescate, pero el cobarde capitán se negó. En cierto momento, un frustrado oficial respondió a las indefendibles tácticas evasivas del capitán con total incredulidad:

¿Entonces qué? ¿Quiere irse a su casa, Schettino? ¿Está oscuro y quiere irse a su casa? Vaya a la proa del bote utilizando la escala y dígame qué puede hacerse, cuántas personas hay y qué necesitan... Lleva una hora diciéndome lo mismo. Suba a bordo ahora. ¡Suba a bordo! Y entonces dígame de inmediato cuántas personas hay allí.[1]

A pesar de tal insistencia, Schettino nunca regresó a su barco; al contrario, se ocultó en el bote salvavidas, paralizado por el temor y negándose a ayudar a los mismos pasajeros a los que él puso en peligro. Al igual que todos los capitanes de navío, él tenía una obligación jurada de permanecer en su nave. Sin embargo, lleno de temor y vergüenza, abandonó su puesto: cobarde.

Aunque de modo negativo, el vergonzoso acto de Schettino subraya la esencia del heroísmo. Los *héroes*, por definición, son personas que no huyen. Se quedan con coraje y convicción para hacer frente a la dificultad, aceptando las dificultades y el sacrificio propio. Están dispuestos, si es necesario, a hundirse junto con el barco. Por otro lado, quienes huyen en el momento crítico no son considerados héroes, sino cobardes y fracasados.

Esto es lo que hace que nuestros dos últimos héroes sean tan inconcebibles. Ambos fueron fugitivos. Sin embargo, a pesar de sus debilidades y fracasos, el Señor los rescató, convirtiendo sus testimonios de tragedia en triunfo. Como hace con cada pecador a quien salva, Dios buscó tanto a Marcos como a Onésimo, y cuando les alcanzó cambió sus debilidades y errores por fortaleza y éxito.

MARCOS: EL DESERTOR RESTAURADO

Se nos presenta a Marcos (o «Juan Marcos») en el capítulo 12 de Hechos. Corría alrededor del año 45 A.D., y el rey Herodes Agripa I perseguía a la iglesia para mantener el favor con la poderosa élite religiosa judía. El malvado demagogo apuntó específicamente al liderazgo de la iglesia autorizando la ejecución pública de Jacobo, el hermano del apóstol Juan. Cuando vio que su acción agradó al pueblo, Herodes también mandó arrestar a Pedro y encerrarle en prisión con la misma intención.

El milagroso escape de Pedro de esa prisión es uno de los relatos más memorables de la historia de la iglesia primitiva. Encadenado en el interior de una celda y vigilado por un escuadrón de soldados romanos, esa noche durmió entre dos guardias. Todos esos elementos que tenían la intención de asegurar al apóstol, fueron inútiles cuando Dios quiso liberar a Pedro. Y lo hizo mediante una orden de Dios en el cielo:

Y he aquí que se presentó un ángel del Señor, y una luz resplandeció en la cárcel; y tocando a Pedro en el costado, le despertó, diciendo: Levántate pronto. Y las cadenas se le cayeron de las manos. Le dijo el ángel: Cíñete, y átate las sandalias. Y lo hizo así. Y le dijo: Envuélvete en tu manto, y sígueme. Y saliendo, le seguía; pero no sabía que era verdad lo que hacía el ángel, sino que pensaba que veía una visión. Habiendo pasado la primera y la segunda guardia, llegaron a la puerta de hierro que daba a la ciudad, la cual se les abrió por sí misma; y salidos, pasaron una calle, y luego el ángel se apartó de él. (Hechos 12.7–10)

Cuando Pedro pasó de soñar profundamente a la realidad de lo que estaba ocurriendo, se vio a sí mismo en una calle fuera de la prisión. De inmediato se dirigió a una casa en la que vivían algunos creyentes. En ese mismo instante ellos estaban orando por la liberación de Pedro. Irónicamente, cuando llamó a la puerta principal, nadie creía que pudiera ser él. En un episodio algo humorístico, el apóstol divinamente liberado tuvo que esperar fuera hasta que las personas que había en el interior de la casa al fin se dieron cuenta de que sus oraciones por él habían sido contestadas. Según el versículo 16: «Pedro persistía en llamar; y cuando abrieron y le vieron, se quedaron atónitos». Resultó ser más fácil salir de la prisión que entrar en casa de sus amigos.

Aunque solo se incluye como una nota a pie de página, el relato bíblico explica que era la «casa de María la madre de Juan, el que tenía por sobrenombre Marcos» (v. 12). Este es el primer lugar en la Escritura en que aparece el nombre de Marcos. (*Juan* era su nombre judío y *Marcos* era su nombre gentil, con el que más comúnmente se le conocía.) El pasaje no revela nada más acerca de Juan Marcos. De hecho, su nombre solo se usa para distinguir a su viuda madre de las muchas otras mujeres bajo el apelativo de *María* en el Nuevo Testamento.

No obstante, este versículo revela dos datos importantes acerca de la vida de Marcos. En primer lugar, indica que había sido educado por una madre devota cristiana, cuya casa era un lugar de reunión para los creyentes en Jerusalén. Al igual que Timoteo, al que su madre Eunice instruyó en la fe (2 Timoteo 1.5), la madre de Marcos sin duda alguna le había educado en la verdad. En segundo lugar, la mención del nombre de Marcos implica una conexión directa entre él y Pedro. Después de salir milagrosamente de la prisión, el apóstol fue al lugar donde sabía que se reunía la iglesia, es decir, la casa de la madre de Marcos. La familiaridad del apóstol con esa casa, y con la familia que allí vivía, significa que Pedro conocía a Marcos. Como veremos, esa relación resultó ser de un valor incalculable más adelante en la vida de este joven.

MISIÓN FALLIDA

Alrededor del tiempo de la liberación de Pedro, Pablo y Bernabé fueron a Jerusalén desde Antioquía de Siria, la tercera ciudad más grande del Imperio Romano en aquel entonces. Fue allí donde Pablo y Bernabé pastorearon juntos una iglesia predominantemente gentil. Después de hacer una recolecta entre los creyentes de Antioquía, el dúo ministerial viajó hacia el sur, hasta Jerusalén, llevándoles a los creyentes de Judea que estaban pasando por un tiempo de hambruna las provisiones tan necesarias (cp. Hechos 11.28–30).

Tras terminar su envío, mientras se preparaban para regresar a la iglesia en Antioquía, Pablo (aún llamado «Saulo») y Bernabé decidieron llevar un viajero extra de vuelta con ellos. Según explica el relato bíblico, «Bernabé y Saulo, cumplido su servicio, volvieron de Jerusalén, llevando también consigo a Juan, el que tenía por sobrenombre Marcos» (Hechos 12.25). En Colosenses 4.10 supimos que Marcos era el primo de Bernabé, lo cual explica por qué le invitó a ir con ellos a

Antioquía. Claramente, Bernabé debía confiar en él, reconocía sus dones y quizás convenció a Pablo de que les sería útil para su ministerio entre los gentiles. Evidentemente, Marcos no era predicador. Hechos 13.1 enumera a los pastores y maestros en Antioquía, y el nombre de Marcos no está incluido ahí. El hecho de que cuando Pablo y Bernabé partieron para realizar su primer viaje misionero llevaran a Marcos con ellos «de ayudante» (v. 5), demuestra que había sido útil en su breve estancia en Antioquía. Esperaban que les ayudara aun más en su viaje para predicar el evangelio en Asia Menor.

Desde el comienzo, el ministerio experimentó dificultades. Cuando llegaron a su primer destino, la isla de Pafos, un mago llamado Elimas se opuso a ellos ferozmente. Pablo respondió al ataque, llamándole hombre de engaño, hijo del diablo y enemigo de toda justicia. En un dramático estallido del poder soberano de Dios, Elimas recibió una ceguera sobrenatural (v. 11). Pero tras continuar el viaje, los misioneros experimentaron dificultades y una dura resistencia. Pablo mismo contrajo una grave enfermedad (posiblemente malaria) poco después de abandonar Pafos (cp. Gálatas 4.13–15). Sin duda alguna, sus enfermedades complicaron una misión que de por sí ya era ardua.

Las implacables batallas desanimaron el corazón de Juan Marcos. Independientemente de qué fuera lo último que le aconteció, Hechos 13.13 narra la triste historia de su decisión de abandonar la misión: «Habiendo zarpado de Pafos, Pablo y sus compañeros arribaron a Perge de Panfilia; pero Juan [Marcos], apartándose de ellos, volvió a Jerusalén». Evidentemente agobiado por los desafíos y temeroso del resultado, Marcos tuvo miedo y se fue, no para ir hacia Antioquía y a la iglesia que les había enviado allí, sino para regresar directamente a la casa de su madre en Jerusalén.

No había excusa para la cobardía de Marcos, un hecho que se confirma en Hechos 15. Habían pasado varios años cuando Pablo y Bernabé decidieron embarcarse en un segundo viaje misionero (alrededor del año 50 A.D.). Mientras discutían los detalles de su inminente viaje, el abandono de Marcos salió a colación en la conversación. Según Hechos 15.36–40:

> Después de algunos días, Pablo dijo a Bernabé: Volvamos a visitar a los hermanos en todas las ciudades en que hemos anunciado la palabra del Señor, para ver cómo están. Y Bernabé quería que llevasen consigo a Juan, el que tenía por sobrenombre Marcos; pero a Pablo no le parecía bien llevar consigo al que se había apartado de ellos desde Panfilia, y no había ido con ellos a la obra. Y hubo tal desacuerdo entre ellos, que se separaron el uno del otro; Bernabé, tomando a Marcos, navegó a Chipre, y Pablo, escogiendo a Silas, salió encomendado por los hermanos a la gracia del Señor.

La palabra clave en ese pasaje es *apartado*. Como le recordó Pablo a Bernabé, Marcos era un desertor, un débil soldado que huyó del campo de batalla.

Bernabé, con afecto familiar hacia Marcos, quería darle otra oportunidad. Sin embargo, Pablo con una fría objetividad, rehusó permitirlo. El desacuerdo entre él y Bernabé alcanzó polos opuestos y se quedaron anclados. Era una brecha tan severa con respecto a Marcos, que los inseparables compañeros decidieron apartarse y emprender sus viajes por separado.

Bernabé tomó consigo a Marcos y se dirigió a Chipre para proclamar allí el evangelio. Pablo reemplazó a su anterior compañero por Silas y viajó por toda Siria y Cilicia, fortaleciendo las iglesias y predicando las buenas nuevas. (Los detalles de ese viaje se narran en Hechos 16—18.) La negativa de Pablo a llevar a Juan Marcos en un viaje de seguimiento sin duda alguna era legítima. Se había traicionado la confianza del apóstol. Cuando más importaba, Marcos había mostrado que le faltaba valor, confianza en Dios y fortaleza. Ante una oportunidad crítica, claudicó y estuvo ausente sin permiso, abandonando su puesto y olvidando su misión. Esa clase de deserción era inexcusable.

DE COBARDE A COLABORADOR

En su clásica obra *La roja insignia del valor*, el novelista del siglo diecinueve Stephen Crane nos cuenta la absorbente historia de un soldado en la Guerra Civil que desertó de su regimiento y huyó del campo de batalla asustado. Henry Fleming, el joven soldado de la Unión, estaba tan avergonzado de su propia cobardía que se sentía como si llevara puesta «la dolorosa insignia de la deshonra». Solo cuando regresó a su unidad y luchó con valentía en la batalla volvió a sentirse como un verdadero hombre.

Después de que Marcos hubiera abandonado a Pablo y Bernabé en ese primer viaje misionero, no cabe duda de que sufriría una sensación similar de vergüenza y deshonra que duraría hasta que pudiera regresar de nuevo al desafío de la batalla espiritual. Muchos meses después, cuando Pablo y Bernabé llegaron a Jerusalén y dieron magníficos informes de su trabajo (Hechos 15.3–4), Marcos debía de estar cabizbajo por la humillación. Sin duda, su corazón le dolería profundamente queriendo regresar y tener la oportunidad de ser valiente y fiel, de actuar como un hombre (1 Corintios 16.13). Pablo fue firme en su rechazo a Marcos, de tal forma que incluso cuando Bernabé le llevó consigo, él debió de sentir una mezcla de emociones por haber roto el poderoso dúo de predicadores del evangelio. Sin embargo, al igual que Henry Fleming, Marcos restauraría su reputación con el apóstol Pablo, más influyente y demandante.

Tras salir de viaje con Bernabé en Hechos 15.39, Marcos desapareció de los anales de la historia de la iglesia durante la siguiente década. Pero ese no fue el final de su historia. Su nombre resurge en el lugar menos esperado, unos diez años después, cuando Pablo, bajo arresto domiciliario en Roma, escribió una carta a los creyentes en Colosas. Al final de esa epístola, enumeró a las personas que estuvieron ministrándole durante su encarcelamiento. Incluido en esa lista, ¡vemos ni más ni menos que a Marcos! Pablo le incluyó junto a otros en un destacado tributo:

> Aristarco, mi compañero de prisiones, os saluda, y Marcos el sobrino de Bernabé, acerca del cual habéis recibido mandamientos; si fuere a vosotros, recibidle; y Jesús, llamado Justo; que son los únicos de la circuncisión que me ayudan en el reino de Dios, y han sido para mí un consuelo. (Colosenses 4.10–11)

Claramente, algo había cambiado en la actitud de Pablo hacia Marcos. Una década antes, Pablo le había considerado un cobarde en quien no se podía confiar, un lastre para un segundo viaje misionero. Ahora, el apóstol ensalzaba a Marcos como un hombre al que los creyentes de Colosas deberían recibir con alegría, y como un hombre cuya compañía le aportó consuelo y gozo en lo personal. En su carta a Filemón, escrita en la misma época que Colosenses, Pablo incluyó a Marcos entre sus «colaboradores» (Filemón 24) en la dura obra del evangelio. El que fue en un tiempo desertor ahora era una parte honrada del equipo ministerial de Pablo.

Media docena de años después (alrededor del 67 A.D.), Pablo estaba encarcelado por segunda y última vez en Roma. El fiel apóstol sabía que el martirio era inevitable. En su Segunda Carta a Timoteo, la última epístola inspirada que escribiría, Pablo abrió su corazón para revelar que estaba más que preparado, que estaba deseoso de dejar este mundo e ir a recibir su galardón celestial. Pero antes de partir para estar con Cristo, como haría un moribundo, quería decir algunas palabras de despedida. Por eso le pidió a Timoteo que le visitara en la prisión, y que llevara a un precioso amigo con él. En 2 Timoteo 4.9–11, Pablo le dijo a Timoteo quién era ese amigo:

> Procura venir pronto a verme, porque Demas me ha desamparado, amando este mundo, y se ha ido a Tesalónica. Crescente fue a Galacia, y Tito a Dalmacia. Sólo Lucas está conmigo. Toma a Marcos y tráele contigo, porque me es útil para el ministerio.

Nuevamente, uno de los compañeros de Pablo le había abandonado. Esa vez fue Demas, el cual lo hizo por amor a este mundo. Crescente y Tito no eran desertores, pero habían dejado a Pablo para ir a cumplir con sus responsabilidades ministeriales en otros lugares. Solo Lucas estaba con él en Roma.

Así, Pablo le pidió a Timoteo que le visitara y que, de paso, llevase con él a Marcos. En su primer encarcelamiento, Pablo había tenido la bendición de tener a Marcos a su lado, y al final de su vida, la cual había estado llena de incontables amigos y amados compañeros del ministerio, quiso ver de nuevo a Marcos. El apóstol que en otro tiempo le había rechazado como compañero de viaje, le escogía ahora para estar cerca de él en sus últimos días.

¿Qué provocó que Marcos dejase de ser un cobarde espiritual, un desertor, y se convirtiera en uno de los colaboradores más queridos y honrados de Pablo? Las respuestas parecen estar en la amistad de Marcos con el otro predicador apostólico prominente: Pedro. Ya hemos destacado que Pedro conocía a Marcos, y si alguien entendía la vergüenza de la cobardía y el proceso de restauración, ese era Pedro. Él mismo había sido restaurado tras negar a Cristo tres veces (cp. Juan 18.15–17; 21.14–17).

Resulta que fue Pedro quien tomó a Marcos bajo sus alas y le discipuló en la fe. ¿Cómo lo sabemos? Lo dice el apóstol mismo, al final de su primera epístola, donde escribe a la Iglesia de Roma (usando el enigmático término *Babilonia*): «La iglesia que está en Babilonia, elegida juntamente con vosotros, y Marcos mi hijo, os saludan» (1 Pedro 5.13). Marcos no era hijo biológico de Pedro, pero lo era en la fe. No cabe duda de que Marcos aceptó a Cristo mientras oía la predicación de Pedro en la casa de su madre, y después del derrumbe de Marcos en Hechos 13, fue Pedro a quien Dios usó para restaurarle y que volviera a ser de utilidad.

Hay más. El testimonio de la historia de la iglesia confirma que Pedro llegó a Roma a principios de la década del año sesenta y ministró allí durante al menos un año. Es probable que llegara después del primer encarcelamiento de Pablo, y que fuera ejecutado a manos de Nerón en el 65 A.D., un año o dos antes del segundo encarcelamiento y ejecución de Pablo. (Probablemente Pablo estaba en un cuarto viaje misionero, viajando fuera de Roma, durante esos años intermedios.) Mientras estaba allí Pedro, en la capital del imperio, predicando fielmente el evangelio y pastoreando a los creyentes de Roma, también escribió sus dos epístolas a las iglesias de Asia Menor. Así, por su referencia a Marcos en 1 Pedro 5.13, sabemos que estaban juntos durante esa época.

¡Qué increíble e inmenso privilegio tuvo Marcos, ser el compañero tanto de Pablo como de Pedro! De joven, había fallado en el campo de batalla y huyó avergonzado, pero más adelante fue compasivamente restaurado para un ministerio muy útil, e incluso elevado a ambos lados de los dos predicadores apostólicos más grandes.

A pesar de lo preeminentemente satisfactoria que era esa realidad, Dios le daría a Marcos un honor mucho mayor. Sería inspirado por el Espíritu Santo para escribir una de las cuatro historias de la vida del Señor Jesucristo: ¡el Evangelio de Marcos!

ESCRITOR DEL EVANGELIO

Aunque el segundo evangelio no incluye el nombre de su escritor, el testimonio unánime e inequívoco de la historia de la iglesia acredita su autoría a Marcos. El padre de la iglesia primitiva Papías (c. 70–155), explicó que el contenido del Evangelio de Marcos llegó por la predicación de Pedro, lo cual es coherente con lo que sabemos de la amistad existente entre ellos. Papías escribió:

> Marcos, como registrador de Pedro, escribió con minuciosidad, pero no en el orden en que [Pedro] recordaba las cosas que el Señor dijo o hizo ... para que Marcos no errara en nada cuando escribía ciertas cosas tal y como él las había recordado. Porque solo tenía una intención, la de no dejar *fuera* nada de lo que había oído, y no falsificar nada en ellas. (Citado de Eusebio, *Historia de la iglesia*, 3.39.15–16)

Justino Mártir (c. 100–165) se refirió igualmente al Evangelio de Marcos como las «memorias de Pedro». Padres de la iglesia posteriores como Ireneo, Orígenes y Clemente de Alejandría también se hicieron eco de la misma conclusión. El historiador de la iglesia del siglo cuarto, Eusebio de Cesarea (c. 263–339), explica por qué escribió Marcos el evangelio:

> Una gran luz religiosa brilló en las mentes de los oyentes de Pedro, de tal forma que no estaban satisfechos con escucharlo una sola vez o con la enseñanza que no estaba escrita de la proclamación divina, sino que con todo tipo de exhortación le suplicaban a Marcos, cuyo evangelio aún existe, viendo que era seguidor de Pedro, que les dejara algo

escrito de la enseñanza que les había dado verbalmente, y no cesaron hasta que le persuadieron de ello, y así se convirtió en la causa de la escritura llamada el Evangelio según Marcos. Y dicen que al apóstol, sabiendo por revelación del espíritu que le fue dada lo que tenía que hacer, le agradó su celo, y ratificó la escritura para que sirviera de estudio en las iglesias. (*Historia de la iglesia*, 2.15.1–2)

Como explicó Eusebio, basado en la información que tenía disponible, fueron los primeros cristianos los que prevalecieron para que Marcos escribiera las enseñanzas de Pedro. Marcos, entonces, fue inspirado por el Espíritu Santo para lograr esa sagrada tarea, y el resultado ha sido preservado hasta nosotros en el Nuevo Testamento.

El tema del Evangelio de Marcos se encuentra en medio de la historia de dieciséis capítulos. Marcos 8.29 narra la respuesta de Pedro a la pregunta de Jesús: «Y vosotros, ¿quién decís que soy? Respondiendo Pedro, le dijo: Tú eres el Cristo». Esa confesión es el pináculo del libro. Todo lo anterior conduce a ello y todo lo posterior fluye de ello. Los primeros ocho capítulos demuestran que Jesús es el Cristo en base a sus obras y palabras; los siguientes ocho en base a su muerte y resurrección. Pero todo gira alrededor de esa realidad teológica central: *El Señor Jesús es el Cristo, el Mesías y el único Salvador.*

Así, el Evangelio de Marcos es un libro evangelístico. Tiene el mismo objetivo que el Evangelio de Juan: que quienes lo lean crean en Jesucristo y tengan vida en su nombre (Juan 20.31). El Evangelio de Marcos fue escrito para sacar a los pecadores de su confusión y su hostilidad contra la Persona salvadora de Jesucristo. Qué apropiadamente irónico es que el hombre que una vez abandonó sus responsabilidades evangelísticas dejando a Pablo y Bernabé en su primer viaje misionero, un día llegara a escribir un evangelio que desde entonces ha alcanzado a millones de personas con las buenas nuevas de salvación.

El hombre que nunca había predicado un sermón proclama a Jesús como Señor y Cristo a cada instante de la historia humana de tal forma que es siempre un instrumento humano en la salvación de los pecadores. Fue un hombre normal, caracterizado por el pecado, la debilidad y el fracaso; sin embargo, Dios le dio un privilegio incalculable, no solo como amigo de Pablo y estudiante de Pedro, sino infinitamente más como el autor humano del evangelio divinamente inspirado que llevará para siempre su nombre.

ONÉSIMO: EL FUGITIVO PERDONADO

Mientras Marcos estaba con Pablo en Roma, durante el primer encarcelamiento del apóstol, este estaba en compañía de un joven llamado Onésimo. Aunque procedían de trasfondos muy diferentes, los dos compartían un rasgo común: desertaron de su responsabilidad y habían huido. Marcos había sido un misionero fugitivo; Onésimo, un esclavo fugitivo. Sin embargo, en la perfecta providencia de Dios, los dos hombres coincidieron en Roma, en la compañía del instrumento más poderoso de Dios: el apóstol Pablo.

Onésimo no era creyente cuando violó la ley y menospreció el cuidado de su amo Filemón, un cristiano que vivía en Colosas. Es seguro suponer que como Filemón era creyente y líder de la iglesia en Colosas, era un amo compasivo y justo (cp. Filemón 5). Pero Onésimo quería su libertad, por lo que buscó la oportunidad de escaparse.

Al igual que otros fugitivos, huyó a Roma esperando perderse entre las multitudes que abarrotaban la capital imperial. (Las estimaciones históricas calculan que la población de Roma en esa época oscilaría alrededor de ochocientos setenta mil personas.) Pero no pudo esconderse de aquel que buscaba su alma. Aunque no se revelan las circunstancias, Dios llevó a Onésimo a Pablo y al evangelio de libertad que se encuentra en el Señor Jesús.

Es muy probable que Onésimo hubiera oído acerca del nombre de Pablo cuando estaba aún en casa de su amo en Colosas. La iglesia se reunía allí. Filemón quizá incluso le llevara a oír predicar a Pablo cuando el apóstol estaba en la cercana Éfeso. Quizá, después de que Onésimo llegara a Roma, el Espíritu de Dios le dio convicción de su pecado y buscó la ayuda del apóstol. Sea cual fuere la explicación de su reunión, una cosa está clara: cuando Onésimo se reunió con Pablo, su vida cambió para siempre, porque a través de Pablo conoció al Señor Jesús.

Onésimo, cuyo nombre significa «útil», se convertiría rápidamente en uno de los amados y fervientes estudiantes de Pablo (Filemón 12, 16). Sirvió con disposición al encarcelado apóstol (vv. 11, 13), con tal eficacia que Pablo deseaba que Onésimo pudiera quedarse con él. Pero había un asunto importante que había que arreglar: legalmente, relacionalmente y espiritualmente.

Un esclavo fugitivo era un delincuente, culpable de un grave delito. Onésimo era un fugitivo, un hombre buscado a ojos del sistema de justicia romano. No solo había defraudado a su amo en sus servicios, sino que probablemente también le habría robado dinero o bienes a Filemón cuando se fue (v. 18). Ahora que se había convertido en un creyente en Cristo y había sido reconciliado con Dios, Onésimo no tenía otra elección que regresar con su amo y volver a ocupar su posición como esclavo.

La necesidad de enviar a Onésimo de regreso a Colosas se volvió más urgente cuando Pablo terminó su epístola a la iglesia de esa ciudad. Con ella, envió también una segunda carta: una petición personal de Pablo a Filemón con respecto al esclavo fugitivo. Según Colosenses 4.7–9, el apóstol envió a un hombre llamado Tíquico para llevar estas cartas, junto con «Onésimo, amado y fiel hermano, que [ahora] es uno de vosotros». Juntos, Tíquico y el esclavo fugitivo se dirigieron a Colosas en su importante misión.

En su Carta a Filemón, Pablo explicó que fue un gran sacrificio personal para él enviar de regreso a Onésimo a Colosas. Pero las posibles consecuencias eran mucho mayores para Onésimo. Según la ley romana, el amo podía castigar a un esclavo fugitivo de cualquier forma que quisiera, incluyendo la muerte. En algunos casos, los fugitivos capturados eran marcados con una «F» (de «Fugitivo») en su frente, o severamente golpeados por sus acciones. Como los esclavos eran caros y valiosos, y como los romanos eran siempre cautelosos por la posibilidad de que se produjera una revuelta de esclavos, a menudo trataban con dureza a los rebeldes y fugitivos.

Pero Onésimo estaba dispuesto a hacer frente a su defraudado amo y a asumir el riesgo. Cristo no solo le había transformado radicalmente, sino que también conocía la genuinidad de la fe de su amo. Filemón seguramente prestó atención al recordatorio de Pablo en Colosenses 4.1: «Amos... [recordad] que también vosotros tenéis un Amo en los cielos». Onésimo confiaba sin lugar a dudas en el hecho de que tanto él como Filemón servían al mismo Amo. No importaba cuál fuera el resultado, lo correcto era buscar el perdón de Filemón.

ESCLAVITUD EN EL IMPERIO ROMANO

Para poder comprender del todo la situación de Onésimo y Filemón, es importante entender un poco más la institución de la esclavitud romana, de la que hablé con gran profundidad en mi libro *Esclavo, la verdad oculta sobre su identidad en Cristo*.

La esclavitud era una estructura social dominante en el Imperio Romano del primer siglo. De hecho, era tan común que nadie cuestionó nunca seriamente su existencia como institución. (El Nuevo Testamento mismo nunca condena el sistema de esclavitud de los tiempos romanos, enseñando más bien que los amos deben tratar a sus esclavos con amabilidad. Sin embargo, los principios bíblicos finalmente llevaron a la disolución de la esclavitud cuando se cristianizó el Imperio Romano.) Esclavos de todas las edades, géneros y etnias constituían una importante clase socioeconómica en la antigua Roma. Cerca de una quinta parte de la población del imperio eran esclavos, sumando un total de doce millones a comienzos del primer siglo. No es de extrañar que toda la economía romana dependiera en gran medida de esa considerable reserva de mano de obra capacitada y no capacitada.

Inicialmente, la población esclava de Roma se obtuvo mediante las conquistas militares. A medida que el imperio extendía sus fronteras, capturaba vastos números de personas que después eran vendidas como esclavos. Pero en el primer siglo la mayoría de los esclavos heredaron su lugar en la sociedad naciendo ya esclavos. Así, la mayoría de ellos nunca conoció la libertad, y tal vez fuera ese el caso de Onésimo. Quizá incluso creció en la casa de Filemón, haciendo que su fuga y su robo fueran aun más impensables.

Como tenían asegurada la comida, la ropa y el alojamiento, los esclavos a menudo estaban mejor que los hombres libres pobres que podían pasar hambre o dormir en la calle. Cuando se le acabó el dinero que robó y vio la realidad de su destitución, Onésimo estaría hambriento y sin techo en las calles de Roma, descubriendo que el sueño de la libertad se había convertido en una pesadilla. Eso podría explicar su deseo inicial de buscar al apóstol Pablo.

Para muchos esclavos, la vida era difícil, especialmente para aquellos que trabajaban en las minas o en las granjas. Esos esclavos «rudos» a menudo vivían lejos del hogar de sus amos, bajo la supervisión de un capataz o un administrador. Pero también había muchos esclavos que vivían en las ciudades, trabajando junto a sus amos como parte de la familia. Para esos esclavos «urbanos», como Onésimo, la vida a menudo era considerablemente más fácil (sobre todo para alguien que trabajaba en un hogar cristiano). Dependiendo de su entrenamiento y de las necesidades de sus amos, los esclavos trabajaban en diversas disciplinas, tanto dentro como fuera del hogar. Desde maestros a cocineros, tenderos o doctores, los esclavos estaban involucrados en una gran variedad de ocupaciones. Desde un vistazo en la calle, hubiera sido difícil distinguir entre los esclavos y los no esclavos. Básicamente no había diferencia alguna en sus ropas; tampoco había ninguna diferencia significativa en sus funciones. Cualquier línea de trabajo que pudiera realizar una persona libre, también podía desempeñarlo un esclavo. La utilidad de Onésimo para Pablo podría haber sido una extensión de su entrenamiento como esclavo. Quizá Onésimo le preparaba las comidas a Pablo, o le daba atención médica (junto a Lucas), o trabajaba como asistente personal de alguna forma.

Los esclavos de los hogares recibían mayor honor que otros porque trabajaban más cerca de sus amos. Como miembros de la casa, se involucraban íntimamente en cada parte de la vida familiar, desde el cuidado de los hijos de su amo a la administración de su casa e incluso la de los intereses de sus negocios. Un esclavo malvado era una gran responsabilidad, podía causar un daño severo al bienestar del propietario. Pero un esclavo leal y trabajador era un bien incomparable. Cuando Onésimo huyó, demostró ser un esclavo malo. Sin embargo, su regreso fue como un pecador transformado por la gracia.

El fiel esclavo podía esperar recibir su libertad algún día, una recompensa que a menudo los amos usaban para motivar a sus esclavos para que fueran totalmente dóciles. En los tiempos del Nuevo Testamento, la liberación de esclavos se había convertido en algo tan común que el gobierno romano tuvo que regularlo. De vez en cuando, los amos liberaban a sus esclavos al morir, haciendo de ello parte de su última voluntad y testamento. Pero aunque la libertad para los esclavos cada vez era más común, los esclavos que hacían lo que hizo Onésimo se enfrentaban a la amenaza de las nefastas consecuencias.

La carta de Pablo a Filemón

Aunque fue varios años antes, Filemón, al igual que su esclavo, había sido salvo mediante la predicación de Pablo, tal vez durante el ministerio del apóstol en la cercana Éfeso. Filemón era un verdadero creyente, a quien Pablo le llama «amado Filemón, colaborador nuestro» (Filemón 1). Era lo suficientemente rico como para tener su propia casa, donde se reunía la iglesia en Colosas (v. 2) y donde ministraba como un miembro prominente. Su esposa Apia y su hijo Arquipo también se habían convertido, y no cabe duda de que los tres exhortaron a Onésimo a recibir el evangelio.

Además, como esclavo «urbano» que era, Onésimo habría sido un compañero cercano a su amo, un miembro familiar de la plantilla de la casa. Sin duda que Filemón confió implícitamente y cuidó generosamente de él, pero su bondad había sido recompensada con traición. Para que Filemón no reaccionara contra Onésimo con dureza aunque Dios le había perdonado, Pablo envió una carta exhortándole a perdonar a su esclavo fugitivo y a recibirle como a un hermano en Cristo.

Aunque la Carta a Filemón es corta, su tema es de los más extendidos de toda la Escritura: el *perdón*. En su epístola a la iglesia de Colosas, el apóstol escribió: «Vestíos, pues, como escogidos de Dios, santos y amados, de entrañable misericordia, de benignidad, de humildad, de mansedumbre, de paciencia; soportándoos unos a otros, y perdonándoos unos a otros si alguno tuviere queja contra otro. De la manera que

Cristo os perdonó, así también hacedlo vosotros» (Colosenses 3.12–13). Su misiva a Filemón aplicaba ese principio de perdón similar al de Cristo que vemos en Colosenses.

El libro de Filemón comienza con un enfoque en el carácter espiritual de las personas perdonadoras. Están marcadas por un amor tanto por el Señor como por los demás (v. 5). No solo profesan su fe en Cristo, sino que también muestran la realidad de esa fe en cómo viven (v. 6), y la generosa naturaleza de su amor refresca a todos aquellos que los conocen (v. 7). Pablo estaba convencido de que Filemón estaba caracterizado por esos rasgos espirituales.

En la siguiente sección de la carta (vv. 8–18), el apóstol explicó cómo Filemón debía responder a Onésimo. De forma personal y de manera conmovedora, Pablo apeló por el esclavo fugitivo con estas palabras:

> Por lo cual, aunque tengo mucha libertad en Cristo para mandarte lo que conviene, más bien te ruego por amor, siendo como soy, Pablo ya anciano, y ahora, además, prisionero de Jesucristo; te ruego por mi hijo Onésimo, a quien engendré en mis prisiones, el cual en otro tiempo te fue inútil, pero ahora a ti y a mí nos es útil, el cual vuelvo a enviarte; tú, pues, recíbele como a mí mismo. Yo quisiera retenerle conmigo, para que en lugar tuyo me sirviese en mis prisiones por el evangelio; pero nada quise hacer sin tu consentimiento, para que tu favor no fuese como de necesidad, sino voluntario. Porque quizá para esto se apartó de ti por algún tiempo, para que le recibieses para siempre; no ya como esclavo, sino como más que esclavo, como hermano amado, mayormente para mí, pero cuánto más para ti, tanto en la carne como en el Señor. Así que, si me tienes por compañero, recíbele como a mí mismo. Y si en algo te dañó, o te debe, ponlo a mi cuenta.

De manera notable, el ruego de Pablo a Filemón se fundamentaba en el hecho de que tanto él como Onésimo eran hermanos en Cristo. En base a eso, Filemón debía recibir a su esclavo fugitivo como recibiría a cualquier otro creyente, incluyendo a Pablo mismo. El objetivo no era solamente renunciar al castigo, sino ofrecer una reconciliación genuina y la restauración de una relación quebrantada.

Finalmente, Pablo terminó su petición recordándole a Filemón su herencia espiritual, que al igual que Onésimo, él también había sido salvo de la esclavitud al pecado bajo el ministerio evangelístico de Pablo (vv. 19–25). El apóstol estaba seguro de que Filemón obedecería, y al hacerlo le daría al apóstol el gozo del ánimo. Y la justa respuesta de Filemón serviría como un testimonio poderoso de una gracia recibida y dada.

De esclavo fugitivo a líder de la iglesia

La implicación de la carta de Pablo, apoyada por el testimonio de la historia de la iglesia, es que Filemón respondió exactamente como Pablo esperaba. Según la tradición antigua, tras reconciliarse, Filemón envió a Onésimo de regreso con Pablo, donde siguió sirviendo y ministrando al apóstol.

Aunque la historia ciertamente es conmovedora, uno se podría preguntar por qué esta breve carta se incluyó en el Nuevo Testamento. A fin de cuentas, es la epístola más corta de Pablo. Se escribió a un individuo, no a una iglesia. No trata ningún asunto teológico complicado y habla de un aspecto de la cultura romana, es decir, la esclavitud, que murió en la historia de la iglesia.

Como respuesta, se pueden dar dos razones principales para su inclusión. En primer lugar, una razón espiritual: el tema del perdón es uno que el Espíritu Santo sabía que cada cristiano tiene que entender. Según Efesios 5.1, los creyentes se convierten en «imitadores de Dios» cuando perdonamos a otras personas. La realidad es que nunca nos parecemos más a nuestro Salvador que cuando mostramos gracia y misericordia a quienes no la merecen. Él nos ha perdonado sobre la base de la obra terminada de Cristo. Cuando perdonamos a otros, reflejamos su carácter piadoso y demostramos que sin duda somos sus hijos.

Pero hay también una razón histórica, desde la perspectiva humana, para la inclusión de este libro en el canon bíblico. Alrededor del año 110 A.D., un líder de la iglesia primitiva llamado Ignacio, obispo de Antioquía, escribió una carta a la iglesia de Éfeso. En esa carta, se dirige al obispo de Éfeso varias veces, ¡destacando repetidamente que el líder de la iglesia en Éfeso era un hombre llamado Onésimo!

¿Podría ser este el mismo Onésimo esclavo, fugitivo y reconciliado de Filemón? Hay buenas razones para pensar que sí. La epístola de Pablo se escribió cinco décadas antes de la carta de Ignacio a los efesios. Si Onésimo era un joven (de unos veinte años) cuando Pablo escribió (alrededor del 61 A.D.), tendría unos setenta años cuando Ignacio escribió su carta. Esa edad sería apropiada para un obispo de la iglesia primitiva. Pero hay incluso una razón más sugerente para establecer esta conexión, como explica el destacado erudito del Nuevo Testamento F. F. Bruce:

> ¿Entonces por qué deberíamos conectar al Onésimo que fue obispo de Éfeso alrededor del año 110 A.D. con el Onésimo que figura en la carta de Filemón alrededor de cincuenta o sesenta años antes?
>
> Porque... Ignacio en su carta a la iglesia en Éfeso se muestra familiarizado con la Epístola a Filemón; es uno de esos extraños lugares en la literatura patrística donde el lenguaje de nuestra epístola claramente resuena. Y no solo eso, sino que la parte de la carta de Ignacio a los Efesios donde el

lenguaje de Filemón resuena es la parte en que se menciona al obispo Onésimo: Los primeros seis capítulos. En esos seis capítulos se menciona al obispo catorce veces; en los quince capítulos restantes no se le menciona para nada, aparte de una alusión general: «obedezcan al obispo y al presbiterio con tranquilidad». Esta consideración es admirable, si no concluyente.[2]

El hecho de que Ignacio hiciera referencia repetidas veces al libro de Filemón, en una carta a un pastor llamado Onésimo, es una fuerte evidencia de que era el mismo Onésimo descrito en el Nuevo Testamento.

Para dar un paso más, algunos eruditos del Nuevo Testamento, como Bruce, han sugerido que Onésimo probablemente fue clave en la reunión y preservación de las cartas de Pablo. De ser así, se habría asegurado de incluir esta epístola, que escribió por él el honrado apóstol.

Obviamente, Dios mismo de manera soberana coordinó la preservación de los libros canónicos que componen el Nuevo Testamento. Así como el Espíritu Santo inspiró a los apóstoles para escribir los libros sagrados, también se aseguró de que sus escritos autorizados se preservaran para la iglesia (cp. Isaías 40.8; 1 Pedro 1.25). Así, Dios es quien determinó el canon, pues providencialmente obró en los corazones de los creyentes para reconocer su inspirada revelación y someterse a ella (cp. Juan 10.27; 1 Tesalonicenses 2.13).

Sin embargo, para lograr sus propósitos providenciales con respecto al canon, Dios usó instrumentos humanos. Parece probable que Onésimo fuera uno de ellos, al ayudar a reunir las cartas de Pablo en un lugar. De ser así, eso ciertamente le permite ser calificado como héroe inconcebible. El que antes fuera esclavo fugitivo, fue restaurado y perdonado, para convertirse finalmente en un pastor cristiano significativo y una fuerza en el desarrollo inicial del canon del Nuevo Testamento. Esta es una historia increíble, ¡y un verdadero testimonio de la gracia de Dios!

La tradición de la iglesia sugiere que Onésimo fue siervo de Pablo y de los otros apóstoles hasta sus muertes. Después predicó el evangelio en lugares como España y Colosas antes de convertirse en pastor en Éfeso. Se dice que fue martirizado durante el reinado del emperador Trajano por rehusar negar a Cristo. Este anterior esclavo de hombres se había convertido en un esclavo de Cristo. Como indica el testimonio de la historia de la iglesia, Onésimo sirvió fielmente a su Amo celestial hasta el fin de sus días.

COMPARACIÓN DE LOS DOS FUGITIVOS

Cuando comparamos las vidas de Marcos y Onésimo vemos varias similitudes curiosas.

- Marcos era hijo de una mujer cristiana de Jerusalén; Onésimo era esclavo de una familia cristiana en Colosas.
- Marcos desertó de su campo misionero para regresar a casa; Onésimo desertó de su hogar para ir a un lugar donde se convertiría en parte del campo misionero.
- Marcos fue restaurado en el ministerio y consoló a Pablo durante el primer encarcelamiento romano del apóstol; Onésimo se convirtió por Pablo durante el mismo encarcelamiento y también ministró al apóstol.
- Pablo menciona a Marcos en Colosenses 4.10. A Onésimo se le menciona en Colosenses 4.9, justo un versículo antes. Obviamente, Marcos y Onésimo estuvieron juntos con Pablo en Roma.
- Según la tradición de la iglesia, después de la muerte de Pedro y Pablo, Marcos se convirtió en pastor de la

iglesia en Alejandría; Onésimo se convirtió en pastor de Éfeso. Finalmente, ambos fueron mártires por su firme fe en Jesucristo.

- Bajo la inspiración del Espíritu Santo, Marcos reunió y preservó la predicación de Pedro al escribir las memorias de este en el relato de su evangelio. Bajo la dirección providencial del Espíritu, Onésimo ayudó a reunir y preservar las enseñanzas paulinas reuniendo las cartas de Pablo en un lugar para ayudar a formar el Nuevo Testamento.

El impacto de estos hombres es incalculable. Solo el Señor conoce el ámbito completo de su utilidad para las almas de millones multiplicados a lo largo de toda la historia.

Aunque Marcos y Onésimo eran *fugitivos*, fueron transformados por Dios en *héroes* de la historia de la iglesia primitiva. Puede que sea cierto que los héroes, por definición, son personas que no huyen; pero como hemos visto en las vidas de estos dos hombres, Dios es experto en transformar desertores, de ser vasos débiles a ser agentes poderosos de su revelación y su salvación. Para Marcos, el desertor restaurado, y Onésimo, el fugitivo perdonado, la historia de sus vidas señala claramente a aquel que les rescató, rehusando permitirles ir incluso cuando huyeron. Qué gozo tenemos los creyentes: saber que a pesar de todos nuestros errores, nunca podemos superar a la gracia de Dios ni su plan de usarnos mucho más allá de lo que podríamos pedir o imaginar.

Epílogo

N UESTRO ESTUDIO DE LOS HÉROES DE LA FE NOS ha mostrado que el Señor no limita su obra del reino a un tipo de persona. De hecho, no hay dos iguales, demostrando que Dios utiliza casi combinaciones interminables de personalidad, trasfondo cultural, experiencia y posición en la sociedad para llevar a cabo su voluntad. Él no está limitado por la edad (Enoc vivió 365 años; Juan el Bautista aproximadamente 30); por el estatus (Jonatán era un príncipe; Onésimo era un esclavo); la fuerza humana (Gedeón era un débil cobarde; Sansón era sobrenaturalmente fuerte); o incluso los pecados del pasado (Pablo perseguía a la iglesia; Juan Marcos fue un desertor; y Jonás se rebeló contra el mandamiento de Dios).

Además, nuestro estudio nos ha llevado por un viaje a lo largo de la cronología de la historia bíblica. En cada época, el Señor utilizó personas fieles a fin de lograr grandes cosas para su gloria. Enoc vivió antes del diluvio. José nació después de ese gran juicio en la era de los patriarcas. María experimentó el éxodo de la nación de Dios desde Egipto. Gedeón y Sansón fueron jueces en Israel. Jonatán fue el hijo de Saúl, el primer rey de Israel. Jonás fue un profeta que ministró durante la monarquía dividida de Israel y Judá. Ester imperó como reina en Persia después de la cautividad de Babilonia. Juan el Bautista rompió cuatrocientos años de silencio anunciando la llegada del Mesías. Santiago, el hermano de Jesús, ayudó a liderar la iglesia primitiva. Finalmente, Marcos y Onésimo sirvieron como segunda generación de líderes de la iglesia después de los apóstoles. Desde los primeros momentos de la historia humana (antes del diluvio) hasta los primeros momentos de la historia de la iglesia (la generación después de los apóstoles), Dios ha estado obrando en las vidas de su pueblo por medio de héroes inconcebibles.

A pesar de lo distintos que fueron los doce, compartían dos cualidades comunes. En primer lugar, demostraron *fe en el Señor*. Ya sea que se enfrentaran a circunstancias peligrosas o consecuencias mortales, pusieron su esperanza en Dios, descansando en Él por su salvación y aceptando las promesas de su Palabra. En lugar de andar por vista y aferrarse fuertemente a las cosas temporales de este mundo, pusieron su mirada en el cielo y en la futura recompensa que Dios ha prometido a todos los suyos (Hebreos 11.16). No se apoyaron en su propia sabiduría o fuerza, sino que confiaron plenamente en Dios, que les utilizó para lograr sus propósitos.

En segundo lugar, respondieron con *fidelidad al Señor*, poniendo pies a su fe y viviendo de modo obediente. La fe de Enoc se ve en el hecho de que caminó con Dios durante trescientos años en medio de una sociedad malvada. José confió en la sabiduría y la providencia soberanas de Dios tan firmemente que perdonó a los hermanos que le habían traicionado. En el caso de María, ella vio su fe recompensada cuando finalmente llegó el éxodo de Egipto, y respondió dirigiendo la alabanza en las costas del mar Rojo. Aunque había pecado contra su hermano Moisés en el desierto, María terminó su vida sometiéndose al plan de Dios al apoyar su liderazgo. Gedeón puso su confianza en el poder de Dios, suprimiendo sus temores y dirigiendo a su diminuto ejército a luchar contra los madianitas. Durante la mayor parte de su vida, Sansón confió pecaminosamente en su propia fuerza, lo cual le llevó a graves problemas. Después, al final, clamó dependiendo del Señor, y Dios le otorgó una importante victoria sobre los filisteos. La fe de Jonatán fue probada cuando supo que nunca sería rey; sin embargo, el príncipe aceptó alegremente los planes de Dios para él y para su mejor amigo, el rey escogido: David. El profeta Jonás intentó alejarse de Dios, pero se arrepintió mientras estaba en el vientre de un pez, fue liberado y predicó a Nínive, de modo que toda la ciudad fue salvada. La reina Ester inició un ayuno de tres días, que incluía oraciones de confianza en el Señor; después, ella puso su fe en acción al arriesgar su vida y rogar por su pueblo. Juan el Bautista renunció al éxito mundano de su época y llamó apasionadamente a Israel a arrepentirse desde el desierto en Judea. Después de llegar a la fe salvadora, Santiago se convirtió en un importante líder de la iglesia en Jerusalén; su epístola hace hincapié en el tema de la fe en acción. Marcos mostró cobardía y debilidad; sin embargo, más adelante demostró una fuerte fidelidad al ayudar a Pedro y Pablo. Y Onésimo, el esclavo fugitivo, llegó a ser útil para Pablo y finalmente sirvió como pastor de la iglesia en Éfeso.

Ninguno de estos héroes era perfecto, desde luego. Sus pecados y errores están registrados, algunos con más detalle que otros, y todos ellos para nuestra amonestación (1 Corintios 10.8–11). Los pecados de los santos en la Escritura siempre se relatan con sencilla franqueza y nunca de manera que excuse o glorifique la maldad. A la vez que son una represión de nuestro pecado, tales historias también nos consuelan con el

recordatorio de que, a lo largo de la historia, Dios ha utiliza-
do vasos imperfectos, «para que la excelencia del poder sea de
Dios, y no de nosotros» (2 Corintios 4.7). Después de todo,
Cristo vino a buscar y a salvar a los perdidos; no a los justos,
sino a los pecadores (Lucas 19.10; Marcos 2.17). Estos héroes
inconcebibles describen todos ellos la verdad de esa promesa,
esa realidad sirve como un abundante aliento para todos los
creyentes. Si Dios no utilizara a personas imperfectas, no tendría a nadie a quien utilizar.

A pesar de todo eso, lo cierto es que por sí mismos, en
sus pecados y errores, ninguno de estos individuos habría sido
un héroe en el reino de Dios. Sin embargo, en su sabiduría y
poder, Dios logró hazañas heroicas por medio de ellos. Él es el
verdadero Héroe en cada historia. Él llevó a Enoc a su hogar
en el cielo sin morir. Él orquestó los acontecimientos de la
vida de José desde un segundo plano para la preservación de
Israel. Con inmensos milagros, liberó a María y a sus compatriotas hebreos de Egipto. Él entregó a los enemigos de Israel
en manos de Gedeón y Sansón. Él honró el compromiso de
Jonatán con David. Él guardó a Jonás en el vientre del pez. Él
dirigió el corazón de Asuero para que deseara a Ester y escu-
chase sus ruegos. Él designó a Juan el Bautista para que fuese el
precursor de Cristo y creó a Santiago para que fuese su hermano. Y restauró a Marcos y a Onésimo a posiciones de utilidad,
utilizando a Marcos para registrar las enseñanzas de Pedro y
a Onésimo para reunir los escritos de Pablo. En cada historia,
es innegable que Dios estuvo obrando; su mano providencial
estuvo presente en todo lugar. Lo mismo es cierto para nosotros en la actualidad. Podemos confiar en Él, sabiendo que «a
los que aman a Dios, todas las cosas les ayudan a bien, esto es,
a los que conforme a su propósito son llamados» (Romanos
8.28).

Aunque puede que nunca experimentemos las mismas hazañas extraordinarias que estos héroes de la fe, los principios y poderosas providencias que caracterizaron sus vidas siguen presentes también entre nosotros. Somos llamados a llevar vidas de una fe firme en el Señor. Además se nos ordena vivir en fiel obediencia a Él. Tomando prestada una frase de una canción muy conocida, debemos «confiar y obedecer». Cuando lo hacemos, podemos tener confianza en que Dios nos utilizará para llevar a cabo sus propósitos para su gloria. Como creyentes, no puede haber mayor gozo que el de saber que somos «instrumento para honra, santificado, útil al Señor, y dispuesto para toda buena obra» (2 Timoteo 2.21).

Una vida de obediencia llena de fe probablemente no le hará ganarse ningún elogio en este mundo que está caracterizado por la enemistad con Dios. Una fiel vida cristiana con frecuencia da como resultado persecución, no elogios. Pero confíe seguro en que las promesas de Dios son verdad. Un día su fe se convertirá en vista (1 Corintios 13.12), y su fidelidad será recompensada (Mateo 25.21, 23). En este mundo, quienes *viven por fe* y *caminan en fidelidad* son con frecuencia ridiculizados y menospreciados. Pero en el mundo venidero serán recibidos con nada menos que una bienvenida de héroe.

Reconocimientos

~~~

COMO LOS DOS ANTERIORES LIBROS DE ESTA SERIE, *Doce hombres comunes y corrientes* y *Doce mujeres extraordinarias*, no podría haber logrado esto yo solo. Doy gracias especialmente a Nathan Busenitz, que compiló y editó los contenidos del primer borrador de mis sermones, comentarios y notas de estudio, suplementando el material con estudio adicional y escribiendo donde era necesario, presentándomelo después para seguir trabajando y llegar a un producto final. Gracias, por otro lado, a Brian Hampton, Bryan Norman y todo el equipo de Thomas Nelson por su ayuda, aliento y paciencia mientras este libro estaba en proceso de producción. Gracias también a mi hijo, Matt, cuya ayuda en la publicación ha sido una gran bendición para mí personalmente.

NOTAS

———

CAPÍTULO 10

1. The Associated Press. "Transcript: Costa Concordia Captain and Italian Coast Guard", *USA Today* (17 enero 2012). Fuente en línea: http://travel.usatoday.com/cruises/story/2012-01-17/Transcript-Costa-Concordia-captain-and-Italian-coast-guard/52613814/1 (accesado 30 marzo 2012).

2. F. F. Bruce, *Paul: Apostle of the Heart Set Free* (Grand Rapids: Eerdmans, 2000), p. 402 [*Pablo, apóstol del corazón liberado* (Las Palmas de Gran Canaria: Mundo Bíblico, 2003)].

Acerca del autor

Ampliamente conocido por su enfoque franco y detallado de la enseñanza de la Palabra de Dios, John MacArthur es un popular autor y conferencista, que ha fungido como pastor y maestro en Grace Community Church, en Sun Valley, California, desde 1969. John y su esposa, Patricia, tienen cuatro hijos adultos y quince nietos.

La labor de John en el púlpito se ha extendido por todo el planeta por medio de su ministerio en los medios de comunicación, Grace to You, y sus oficinas satélites en siete países. Además de producir programas de radio diarios para casi 2,000 estaciones de radio inglesas y españolas en todo el mundo, Grace to You distribuye libros, software, cintas de audio y discos compactos de John MacArthur.

John es presidente de Master's College and Seminary y ha escrito cientos de libros y guías de estudio, cada uno de ellos bíblico y práctico. Entre los títulos de éxitos de ventas se incluyen *El evangelio según Jesucristo*, *Verdad en guerra*, *El asesinato de Jesús*, *Doce hombres comunes y corrientes*, *Doce mujeres extraordinarias* y *La Biblia de estudio MacArthur*, galardonada con el premio ECPA Gold Medallion en 1998.

La serie «La verdad sobre»

La verdad sobre ... La gracia

9781602558175

La verdad sobre ... El señorío de Cristo

9781602558151

La verdad sobre ... El perdón

9781602558182

GRUPO NELSON
Desde 1798